Pliger. del AW. Böhm. sc

Anleitung

zur Bildung

für Gesellschaft und Umgang.

Von

K. L. M. Müller.

Leipzig
bei Georg Joachim Göschen 1812.

Vorwort.

Ich glaube keinen Tadel deshalb erwarten zu dürfen, weil ich die nicht unbeträchtliche Anzahl von Schriften über den Gegenstand, welchen der Titel nennt, hier durch eine vermehrt habe. Der Gegenstand ist zu wichtig, zu reich an Einfluß auf menschliche Glückseligkeit, als daß er nicht immerfort das Nachdenken eines gebildeten Geistes zu beschäftigen würdig seyn sollte, und dann ist ja jedes Resultat einer mit Liebe und Ernst unternommenen Forschung insofern nicht unbedeutend, als es zeigt, wie verschieden sich dasselbe Objekt in verschiedenen Geistern spiegelt, und wie ein Funke betrachtet werden kann, der, in fremde Seelen geworfen, diese zu erneuter forschender Thätigkeit und Prüfung des Gefundenen, und dadurch oft zu eigener Erfindung aufregt.

Ueber die Veranlassung zu dieser Schrift muß ich jedoch noch einige Bemerkungen hier mittheilen.

Schiller sagt am Schlusse seiner Abhandlung über die ästhetische Erziehung des Menschen: „Mitten in dem „furchtbaren Reiche der Kräfte und mitten in „dem heiligen Reiche der Gesetze baut der „ästhetische Bildungstrieb unvermerkt an „einem dritten fröhlichen Reiche des Spiels „und des Scheins, worinnen er dem Men„schen die Fesseln aller Verhältnisse abnimmt, „und ihn von allem, was Zwang heißt, so-

„wohl im Physischen als im Moralischen „entbindet.“

Er vergleicht dieses Reich des Spieles und Scheines mit dem Staate, und nennt es auch den Staat des schönen Scheines. „Existirt aber auch ein solcher Staat,“ fährt er fort, „und wo ist er zu finden? „Dem Bedürfnisse nach existirt er in jeder „fein gestimmten Seele; der That nach möchte „man ihn wohl nur, wie die reine Kirche „und die reine Republik, in einigen wenigen „auserlesenen Zirkeln finden, wo nicht „die geistlose Nachahmung fremder Sitten, sondern eigene schöne Natur das Betragen lenkt, „wo der Mensch durch die verwickeltsten Verhältnisse mit kühner Einfalt und ruhiger „Unschuld geht, und weder nöthig hat fremde Freiheit zu kränken, um die seinige zu

„behaupten, noch seine Würde wegzuwerfen, um Anmuth zu zeigen. Da es einem „guten Staate an einer Constitution „nicht fehlen darf, so kann man sie auch von „dem ästhetischen fordern. Noch kenne „ich keine dergleichen, und ich darf also hoffen, daß ein erster Versuch derselben, den „ich dieser Zeitschrift (den Horen) bestimmt „habe, mit Nachsicht werde aufgenommen „werden."

So lange Schiller lebte, erwartete ich, und mit mir gewiß das ganze gebildete Deutschland, diesen Versuch mit Sehnsucht. Der große Genius wurde der Erde entnommen, ohne sein Versprechen erfüllt zu haben; da faßte ich den vielleicht kühnen Gedanken, mich dieser Arbeit in seinem Geiste — dem ich — wäre es unbescheiden dieses zu gestehen? — den meinigen verwandt fühle, zu unterziehen. So entstand diese Schrift, in der man die Grundzüge jener Constitution gezeichnet findet. *) Aus dieser Bemerkung wird sich der Leser auch erklären können, warum er öfters gerade Schillers Aeußerungen und eigene Worte über den jedesmal behandelten Gegenstand angeführt findet. Ich habe mich mit der Herausgabe dieser Schrift nicht übereilt, denn es verstattete mir theils die Muse nicht immer zu der begonnenen Arbeit zurückzukehren, theils bedurfte das Meiste eine oft wiederholte, sorgfältige Prüfung.

Möge diesem Versuche die Nachsicht werden, welche der große Dichter und Denker sich für den seinigen erbat, und die der mei-

*) Der Verfasser wollte daher auch Anfangs dieser Schrift den Titel geben: die Constitution der guten Gesellschaft; allein verschiedene Gründe bestimmten ihn davon abzugehen.

nige wohl mehr in Anspruch nehmen darf, als der seinige würde nöthig gehabt haben.

Die Verzierung durch das Titelkupfer verdanken die Leser dem Verleger dieser Schrift, der Alles, was aus seinen Pressen hervorgeht, gern so anständig und gefällig als möglich erscheinen läßt. Die Wahl ist sinnreich, denn es stellt dieses Kupfer den Inhalt des Buches treffend im Bilde dar. Leipzig im März 1812.

Der Verfasser.

Uebersicht des Ganzen.

Anlei

Anleitung

zur Bildung für Gesellschaft und Umgang.

Sobald der Mensch zum deutlichen Bewußtseyn seiner selbst erhoben und nicht mehr zufrieden mit dem bloßen Gefühle seines Daseyns, seines Genusses und Leidens, einen betrachtenden Blick auf die ihn umgebende Schöpfung richtet, in der Absicht seiner unbezwinglichen Sehnsucht den Grund oder die Möglichkeit alles Daseyns zu erkennen, Befriedigung zu gewähren, so drängt sich ihm sogleich ein zahlloses Heer einzelner Gebilde entgegen, deren jedes bestimmt von dem andern geschieden allein für sich besteht, sein Daseyn fortführt, und gleichsam seine eigene Welt bildet. Weit entfernt, daß eines das andere in der Fortsetzung seines Daseyns unterstütze, scheint vielmehr unter ihnen der entschiedenste Streit zu herrschen und bloß das Gesetz der Stärke zu walten. Der Baum streckt seine Wurzeln aus so weit er kann, unbekümmert ob er kleinern und edlern Gewächsen den nöthigen Nahrungssaft entziehe, bloß damit seine Krone voller blühe und er seine Aeste weiter verbreiten könne. Ein Thier raubt dem andern begierig die Nahrung, die es oft selbst nicht braucht, und vertreibt das schwächere aus seiner Wohnung, um sie für sich in Besitz zu nehmen. Selbst der Mensch scheint diesem furchtbaren Gesetze zu folgen, und was noch mehr ist, die Natur ihn gewaltsam dazu zu nöthigen. Wollte er sich ihm freiwillig entziehen, so würde sein eigenes Daseyn in Gefahr gerathen, und indeß er besorgt sich für Andere bemühte, würde Niemand sich für ihn bemühen. Muß er nicht fürchten, daß, wenn er seine Wohnung zur Rettung eines seiner Brüder verläßt, ein anderer sich eindränge und ihm die Rückkehr wehre?

Diese Wahrnehmungen sind aber wenig geschickt, ihm Aufschluß zu geben über die

Möglichkeit des Daseyns einer Welt und ihrer Fortdauer. Er fängt an zu zweifeln, ob das vorher genannte Gesetz, das dem Stärkern die Herrschaft über den Schwächern zu verleihen scheint, wirklich ein Naturgesetz sei, und ob er sich nicht vielleicht in seiner Ansicht der Dinge um ihn her irre? Denn eine tief in seinem Innersten sich regende Ahndung führt ihn auf eine andere Spur, und sagt ihm, daß er hier der Wahrheit näher zu kommen hoffen dürfe. Er blickt noch einmal aufmerksam auf die wundervolle Welt, die ihn umgiebt, und siehe! ein ganz anderes Verhältniß der Dinge stellt sich seinem Blicke dar. Das streng gesonderte Daseyn verschwindet, je mehr er es betrachtet, die Scheidewand fällt ein, welche die Individuen trennt. Eines schließt sich an das Andere an und scheint zu fühlen, daß es nur mit und unter Mehreren eine sichere und fröhliche Existenz hoffen dürfe. Bäume und Pflanzen stehen in Gruppen zusammen, und Thiere erscheinen in Haufen. Es bilden sich

Geschlechter und Ordnungen, welche streng zusammen halten, und so scharf begränzt sie auch in ihrer äußern Form sind, so verschieden die ganze Art ihres Daseyns von andern ist, so schließen sie sich doch immer wieder an höhere an, bis in dem Sonnenlaufe Welten an Welten sich reihen, und die ganze Unermeßlichkeit, welche dem Auge des Forschers sich aufthut, in Ein großes Ganze verschmilzt, belebt und geleitet durch das schöne Gesetz des Friedens und der Geselligkeit. Am deutlichsten und auf die interessanteste Weise, weil er sich selbst in jedem Momente seiner Existenz davon angenehm abhängig fühlt, verkündigt sich ihm das Gesetz der Geselligkeit in dem Unterschiede der Geschlechter. Obgleich in ihrem ganzen Wesen einander auf das schärfste entgegenstehend, ziehen sie sich doch ewig an, und keines erreicht eher seine Vollkommenheit, als bis es sich auf das innigste mit dem andern vereinigt hat. Ja, er sieht an diese liebende Vereinigung die Fortdauer alles

Lebens gebunden, und das große Geheimniß der Schöpfung, zu dessen Ergründung ihn eine unbezwingliche Sehnsucht trieb, wird ihm in seiner eigenen Brust enthüllt. Liebende Geselligkeit ist die erhaltende Gottheit des Weltalls, die Quelle jedes Genusses und jedes Glücks, der Ursprung alles Großen und Herrlichen in der todten und lebendigen Schöpfung. Noch würde zuverlässig die Menschheit in ihrem Kindesalter stehen, noch würden uns alle Bequemlichkeiten des Lebens und die schönsten Genüsse desselben unbekannt seyn, hätten nicht die Bande der Geselligkeit die einzelnen Familien mit einander zu Stämmen und diese zu Völkern vereinigt; hätten nicht vorzüglich erleuchtete und mit höhern Geisteskräften begabte Individuen durch Zwang die Willkühr gefesselt, und den rohen Natursohn, dem Gesetze der Stärke gehorchend, dem der Geselligkeit mit Gewalt unterworfen. Nur erst als das Individuum in Andern sich wieder finden lernte, und in fremdem Daseyn sein eigenes begründet und gesichert sah; als es gab um zu empfangen, und an die Stelle des Raubes der freie Umtausch wohlerworbener Güter trat, als man selbst in einer freiwilligen Entbehrung einen Genuß ahnden lernte — nun erst entbrannten alle Kräfte der Menschheit zum edelsten Wettstreite, und die Kultur der Menschheit ging mit Riesenschritten vorwärts ihrem, zwar nur noch von Wenigen deutlich erkannten, Ziele entgegen.

Wie erfreulich aber auch immer dieses Bild der Geselligkeit seyn mag im Gegensatz des der Entzweiung und Trennung des individuellen Lebens, so giebt es doch noch eine edlere und feinere Art der Geselligkeit, von der sich in jener keine Spur findet. Es ist diejenige, mit welcher der Mensch ein ganz neues Daseyn beginnt, mit welcher er in eine höhere Welt eintritt. Was der Eigennutz, die Selbstsucht bindet, soll die Freiheit, das Gefühl der höhern Bestimmung der Menschheit gesellen. Denn es ist überhaupt das Siegel seiner Würde, daß er das, was die Natur durch Zwang und Nöthigung ausführt, durch freien Entschluß erschaffe, und daß er da, wo er jenem nicht entgehen kann, wenigstens durch die Art seiner Unterwerfung zeige: er verdiene ihm entnommen zu seyn. Die ächt menschliche Geselligkeit im edelsten Sinne des Wortes, oder die humane, gründet sich daher keinesweges auf das Bedürfniß der Hülfe, oder auf das Gefühl des Individuums, daß es sein eigenes Daseyn als Individuum nicht sicher und fröhlich fortsetzen könne, wenn es nicht mit andern in Gemeinschaft lebe; es gründet sich nicht auf das Gefühl der Beschränkung, der Abhängigkeit und Dürftigkeit, sondern auf dem Allen, was Leben athmet, der Menschheit aber im höchsten Grade eigenen Drang das individuelle Leben zu erweitern, und gleichsam das Bewußtseyn der Gattung, das Gefühl einer gränzenlosen Erhöhung der edelsten Kräfte des Geistes und Gemüths zu erringen, oder mit andern Worten: sich bewußt zu werden, daß das Leben des einzelnen nur ein Strahl des unendlichen Alles durchdringenden ewigen Lebens ist. Mit dem Streben dieses Gefühl zu erringen — tritt der Mensch über die Natur, und erscheint als ein Sohn der Götter, ein geborner Fürst und Beherrscher des Nichtmenschlichen; denn Fürsten sind ja auch nur darum Fürsten, weil sie ihr individuelles Leben in dem Leben des Volkes, der Nation fühlen, und mit diesem zu erhöhen suchen sollen. Daß aber der Mensch wirklich zu dieser Erweiterung seines Daseyns bestimmt sei, ja, daß ihn die Natur selbst willenlos zu diesem Punkte zu führen suche, erkennt man schon daraus, daß selbst eigennützige Triebe sich mit dem Abglanze jenes rein menschlichen Triebes zu schmücken suchen. Der Ehrsüchtige — nicht der Ehrliebende — wenn gleich nur um sein Selbst Willen wirkend, und des einzelnen fremden Lebens nicht achtend, wenn es die Erreichung seiner Plane gilt, findet doch sein Glück nur in fremder Brust, denn es ist bloß sein Bild in andern Seelen strahlend, welches ihn sonderbarer Weise zur Nichtachtung Anderer treibt. Könnte man ihn überzeugen, daß ihn Niemand wegen seines eigennützigen Bestrebens achten könne, er müßte ein Unsinniger seyn, wenn er bliebe was er ist.

Eben so bestätiget auch die tägliche Erfahrung die Bemerkung, daß alle auf Trennung des Individuums von der Gattung sich beziehende, also feindselige Gefühle und Gemüthsbewegungen, sogar das physische Leben bedrohen, und der Existenz des Individuums nachtheilig werden, wo nicht dieses gar zerstören; dahingegen wahrhaft gesellige, humane Empfindungen, oder solche, welche auf Verschmelzung des einzelnen Lebens mit dem allgemeinen sich beziehen, die fröhliche Blüthe des individuellen Daseyns erhöhen und verschönern. Ja, diese letztern mit dem Namen der Liebe zu bezeichnenden Empfindungen haben nicht selten den jedem Lebendigen so furchtbaren Todesmoment zum Anfange unendlicher Seligkeit, zum Augenblicke himmlischer Verklärung umgeschaffen. Giebt es einen schönern Beweis als diesen, daß der Mensch zu liebender Geselligkeit bestimmt, daß es die große Aufgabe seines Daseyns sei: bei aller Erhöhung und Ausbildung der ihm als Individuum eigenen Kräfte und Eigenschaften dennoch immer im Allgemeinen, in dem großen Ganzen der Natur und Menschheit zu leben und sich in Andern zu fühlen?

Die Geselligkeit ist daher eine wahre Tugend, ein ehrender Vorzug des Menschen, und der Ungesellige wird mit Recht so lange für nicht tugendhaft gehalten, als man nicht einen edlern Grund dieser Gemüthsstimmung aufzufinden vermag.

Dieß letztere, sollte man meinen, müßte ganz unmöglich seyn; denn wie sollte sich für ein der Tugend entgegengesetztes Benehmen ein edler Bewegungsgrund auffinden lassen? Wird nicht die Tugend erst durch den Bewegungsgrund zur Tugend? und ist nicht das

Böse darum böse, weil es aus einer unlautern, der Sittlichkeit widerstrebenden Gesinnung entspringt? So wahr dieß ist, so dürfte doch der die Geselligkeit fliehende Mensch zuweilen unsere Hochachtung verdienen; denn es könnte ja wohl seyn, daß er nur dem Scheine nach ungesellig wäre, und die Einsamkeit suchte, bloß weil er einer bestimmten Gesellschaft entgehen wollte; und dieß ist denn wirklich der Fall gewesen bei Vielen von denen, die sich zu einem ganz einsiedlerischen Leben verdammten. Um nicht ihre Liebe zu der Menschheit unter den Menschen zu verlieren, entsagten sie den Freuden des geselligen Lebens, und es läßt sich auf sie anwenden, was ein trefflicher Dichter von sich selber sagt:

Weil mich die Menschheit entzückt im Zauberspiegel der Dichtung,
Sind mir die Menschen verhaßt, denn sie zerbrechen das Glas.

Auch ist diese Isolirung nur Schein, denn im Geiste schaffen sie sich eine schönere Welt, für die sie leben und wirken, weil der Mensch durchaus nur Mensch seyn, d. h. seine höhern Kräfte gebrauchen kann in Beziehung auf Menschen und in der Voraussetzung, daß er nicht allein sei. Sobald er denkt, wirkt er als Glied einer Gattung, sobald er will, fühlt er die Möglichkeit eines fremden Willens, und wenn er bildet und schafft, wird er nicht für sich, dem Schöpfer, thätig, sondern es zerspaltet sich gleichsam sein Individuum in zwei Wesen, von denen das eine genießen soll, was das andere hervorgebracht hat, und dadurch allein wird schon das Gefühl für Geselligkeit erhalten und belebt. So weicht auch der Genius immer in die Einsamkeit zurück, nicht um selbstsüchtig und neidisch seine Schätze dem Genusse der Welt zu entziehen, und in stolzer Selbstgenügsamkeit jede fremde Theilnahme verachtend; nein! ihn stört entweder das Geräusch des Lebens, das unruhige Treiben der Menge, und er will den aufmerksamen, ordnenden Blick auf seine innere, immer im Erzeugen begriffene

Welt nicht durch den Farbenglanz des lebendigen Tages blenden lassen; so wie in lauen Sommernächten mehr zur Blüthe kommt als im Glanze der Sonne, und die Stille überhaupt der Quell des Lebens ist; oder er fürchtet in zu großer Nähe zu viel von den Menschen zu erblicken, und dadurch den zauberischen Glanz getrübt zu sehen, worinnen seinem geistigen Blicke die Zukunft und Vergangenheit erscheint; denn immer ist der Genius ein Sohn der letztern und lebt ein Bürger derer die da kommen werden.

So sehr auch schon durch den dem Menschen besonders eigenen Trieb sein individuelles Daseyn zu erweitern und sich in Andern zu fühlen, seine Bestimmung zur Geselligkeit klar wird, so giebt es doch noch Etwas, welches dieß mehr als alles Andere außer Zweifel setzt, und dieses ist die Sprache.

In artikulirte Töne gehüllt fliegt der Gedanke hinaus in die unbegrenzte Welt, wo er durchaus zweck- und wirkungslos vergehen würde, fände er nicht eine Seele, die ihn aufnehmen und mit sich vereinigen könnte. Für sich selbst spricht der Mensch nicht, und um den Gefühlen der Freude und des Schmerzes Luft zu machen, bedarf er wohl des Tones, aber nicht des Wortes, des artikulirten Tones. Da das Wesen der Geselligkeit darinnen besteht, daß zwar jedes Individuum sein Selbst zur Gattung erweitere, und Andere auffordere, sich mit ihm in ein einziges Wesen, wenigstens auf Momente, durch Gedanken und Empfindungen zu verschmelzen, zugleich aber die fremde, trennende Eigenthümlichkeit achte und schone, weil Freiheit die Basis des geselligen Lebens bleiben muß; so konnte die Gemeinschaft freier Individuen nur durch ein Band vermittelt werden; welches nicht bindet, und durch eine äußere Einwirkung, welche an sich nicht zwingend ist.

Hätte der Mensch auf den Körper des Andern unmittelbar durch den seinigen einwirken, hätte er ihn, statt zu sagen: Sieh den Baum, das Thier! zu diesen Gegenständen selbst hinführen müssen, so wäre wahrscheinlich der Andere geflohen, oder hätte sich zum Kampfe bereitet; denn konnte er wissen, was aus der Berührung seines Körpers, ja nur aus der zu großen Annäherung des Andern für ihn folgen würde? Wie ganz anders ist dieß bei der Sprache. Achtungsvoll steht der Mensch dem Menschen gegenüber, und ein Medium, untastbar, ja selbst unsichtbar, welches also auch durchaus von keinem als Instrument des physischen Zwanges gebraucht werden kann, ist ihnen allen zur möglichen Gemeinschaft gegeben. Die von dem Geiste unmittelbar bewegten Organe bewegen die Luft, und dienstbar pflanzt sie die Bewegungen der erstern fort bis zum Sitze der geistigen Kraft in dem Körper des Andern. So berühren sich die Geister, indeß die Körper getrennt sind, und selbst die feindlich sich

Bekämpfenden haben nun ein Mittel der Versöhnung, welche ihnen ohne dieses fast unmöglich wäre.

Man kann daher auch die Erfindung der Sprache gar nicht als willkührlich annehmen; denn der Mensch mußte sprechen können, wenn er gesellig seyn, und dieses mußte er seyn, wenn er überhaupt Mensch werden sollte.

Begriff der Gesellschaft und des Umgangs. Höchster aus dem Zwecke der Gesellschaft abgeleiteter Grundsatz des geselligen Betragens.

Der Ausdruck: Gesellschaft, gehört unter diejenigen, welche durch die verschiedenen Verbindungen, in denen sie vorkommen, verschiedene Bedeutungen empfangen. Im Allgemeinen und seinem Ursprunge nach, bezeichnet er freilich jede menschliche Vereinigung zu irgend einem ausdrücklich bestimmten oder stillschweigend angenommenen Zwecke.

So giebt es Handels- Spiel- Gelehrsamkeits- oder gelehrte Gesellschaften und dergl. Selbst das zufällige Zusammenkommen und Verweilen mehrerer Menschen an einem Orte ohne alle Verabredung, wie z. B. auf Reisen, Spatziergängen, ist eine Gesellschaft. Indessen pflegt die Sprache dann gewöhnlich die besondere Art der Vereinigung mit dem von ihrem Zwecke entlehnten Beiworte zu bezeichnen. Für sich allein und ohne allen Zusatz kommt es wohl nur in doppelter Beziehung und Bedeutung vor. Einmal nämlich bezeichnet man mit dem Worte Gesellschaft: den großen Verein der Menschen überhaupt, oder die Menschheit, gleichsam um anzudeuten, daß der gesellschaftliche Zustand ein wesentlicher, ja der Hauptzug ihres Charakters sei, und der Mensch nicht als solcher gedacht werden könne, wenn er nicht in Gesellschaft lebe. So sagt man von dem Jüngling, der das Vaterhaus verläßt, und nun seiner eigenen Kraft vertrauend, sich Herd' und Wohnung gründet: er tritt in die Gesellschaft; er soll nun der Gesellschaft leben; oder die Gesellschaft macht Ansprüche auf den Menschen, er hat Pflichten gegen die Gesellschaft und dergl. Die zweite und engere Bedeutung aber des Wortes Gesellschaft ohne allen Zusatz ist diejenige, wo es eine Vereinigung von Menschen bedeutet, in der Absicht eingegangen um durch gegenseitige Mittheilung ihres individuellen Wesens, d. i. ihrer Gedanken und Empfindungen, den Genuß zu erhalten, oder die Freuden zu genießen, welche das Bewußtseyn der Uebereinstimmung eines individuellen geistigen Lebens mit der Gattung oder der Menschheit überhaupt gewährt.

Die Gesellschaft wird hier also nicht betrachtet als eine Pflicht und Obliegenheit, sondern als ein Genuß, eine Erholung, denn wir haben von den Freuden der Gesellschaft gesprochen, und man bedauert den, der davon durch irgend ein Verhältniß ausgeschlossen wird. Der Grund davon liegt in dem oben angeführten Triebe des Menschen nach Erweiterung seines Daseyns und dem Streben, sich desselben lebhaft bewußt zu werden; denn jede Befriedigung eines Triebes, oder einer Neigung, sei sie natürlich oder erkünstelt, wird von angenehmen Gefühlen begleitet, muß als ein Genuß, eine Freude angesehen werden. Um anzudeuten, daß die Gesellschaft in dieser letztern Bedeutung nur ein Zustand sei und kein bestehendes Objekt, läßt die Sprache auch den dieses letztere bezeichnenden Artikel dabei weg und sagt: man geht in Gesellschaft, man sicht Gesellschaft, man liebt Gesellschaft u. s. w. Mit dem Worte Umgang ist es beinahe derselbe Fall. Auch dieses bezeichnet einmal jedes Verhältniß gegen Andere überhaupt, jede Beziehung, in die man mit Menschen tritt; so sagt man von Jemand, der seine Verhältnisse gegen die, mit denen er leben muß oder will, nicht gehörig zu beurtheilen, und in denselben weise und klüglich sich zu benehmen versteht: er wisse nicht mit Menschen umzugehen. In der zweiten Bedeutung aber ist Umgang eben so viel als Gesellschaft, nur daß jenes Wort mehr das nothwendige Verhalten des Menschen, seine Hauptpflicht in der Gesellschaft, nämlich thätig zu seyn und nicht bloß leidend oder empfangend sich zu verhalten, andeutet. Das Wort Umgang ist sichtbar dem lateinischen conversatio nachgebildet, und zeigt, daß die Alten einen sehr richtigen Begriff von der Gesellschaft hatten. Mit Menschen umgehen heißt eigentlich in Gesellschaft mit mehreren nicht etwa ein einziges in einem besondern Gegenstande fest bestimmtes Ziel verfolgen, sondern bald diese bald jene Richtung der geistigen Thätigkeit wählen, um dadurch sich derselben lebhaft bewußt zu werden, und daran allein seine Freude zu haben, ohngefähr so, wie man spatzieren geht, nicht um an einen Ort zu gelangen, sondern um sich an der Bewegung, an der Thätigkeit der körperlichen Kräfte zu ergötzen.

Aus dieser Bestimmung der Bedeutung des Wortes: Gesellschaft und Umgang, geht, dünkt uns, von selbst hervor, welches die Erfordernisse seien, um eine Vereinigung von Menschen zu einem gemeinschaftlichen Zirkel, und das gegenseitige Benehmen derselben in dieser Verbindung zum Umgange umzuschaffen. Vor Allen muß man das Bedürfniß der Gesellschaft oder des Umgangs lebhaft empfinden. Der berechnende Verstand oder die Klugheit, kann, in Hinsicht auf gewisse Vortheile, welche dieser oder jener Mensch in seiner besondern Lebenslage aus dem geselligen Verkehr zu ziehen vermag, diesen wohl auch bestimmen, sich einem Gesellschaftskreiße anzuschließen oder Umgang mit Jemand zu suchen, allein er wird dabei weder selbst die Freude der Gesellschaft genießen, noch auch andern diese

Freuden gewähren. Er geht dann nicht mit Menschen um, sondern mit ihnen und von ihnen unterstützt auf sein Ziel los. Es ist ihm nicht um Mittheilung und Erweiterung seines individuellen Lebens, um Verschmelzung seines Ichs mit dem großen Ganzen der Menschheit zu thun, sondern er steht vielmehr steif und kalt und in sich selbst gleichsam zurückgedrückt der Menschheit gegenüber, und sähe es gern, wenn auch sie sich zum dienenden Werkzeuge seiner eigensüchtigen Plane erniedrigte. Wo der berechnende Verstand, die engherzige Klugheit herrschen, da findet sich auch selten wahre Geselligkeit, wahrer Umgang, und es dürfte nicht mit Unrecht behauptet werden, daß frühere Menschenalter weit mehr Sinn für Gesellschaft und Umgang gehabt, ihre Freuden weit reiner genossen haben, als das jetzige, wo es freilich ungleich mehr Gesellschaften und Zusammenkünfte giebt als jene aufzuzeigen hatten. So wie der gesunde Naturmensch überhaupt der menschlichen Bestimmung sich auf sichererm Wege naht als der Sohn der Kultur, wenn diese nicht eine wahrhaft menschliche, die eigentlich humane d. h. totale, alle Anlagen des menschlichen Wesens umfassende, ist; so dürfte man auch wohl unter den sogenannten niedern Ständen nicht selten mehr geselliges Leben, mehr Freuden des Umgangs finden, als in unsern Assembleen und Conversationszwingern.

Folge du, edler Freund der Geselligkeit und des fröhlichen Lebensgenusses, dem Wanderer, der beseelt von dem schönen Verlangen die unverkünstelte Natur der Menschheit in ihrer reinen Schönheit zu schauen, sich entreißt den engherzigen Zirkeln des städtischen Lebens, und eure Thäler und Höhen begrüßt, ihr friedlichen Alpen, die ihr nicht Gold erzeugt, um die Habsucht zu reitzen, sondern Söhne der Väter werth, voll Muth und Kraft, dem Leben hold, aber nicht verachtend den schönen Tod fürs Vaterland; tritt mit ihm zu den Festen, welche die Lebenslust und die Liebe feiern, und sieh, wie innig sich hier eines dem andern anschließt, wie die Freiheit den Witz beseelt, und selbst der weniger Geistreiche durch die Begeisterung der Liebe die Gaben des Genius theilt; wie die Alten in klugen sinnvollen Gesprächen sich verlieren, und voll theilnehmender Freude, ihrer eigenen reitzenden Jugend gedenkend, gern dem jungen Leben die höchste Wonne desselben in unschuldiger Vereinigung der Geschlechter, durch den hier wahrhaft entzückenden Tanz, vergönnen; sieh, wie jedes Auge vor Wonne lacht, jede Brust sich vor Freude hebt, und selbst die einsame Echo in den fernen Felsenklüften sympathetisch das muntere Leben theilt — dann erinnere dich derjenigen Freuden, die du auch gesellige nanntest, im steifen unmuthsvollen Kreiße deiner städtischen Bekannten. Lange treibt die Langeweile die entseelten Gestalten umher, bis sie endlich am Spieltisch aus ihrem Seelenschlafe erwachen, wo das Glück und der Krieg ihren eigensüchtigen Leidenschaften neue

Nahrung bieten. Unter den mannichfachsten Verkleidungen siehst du hier die Eitelkeit umgehen wie einen feindseligen Dämon, der allen Lebensgenuß tödtet, die Freiheit verjagt und der wahrhaft geselligen Freude Gift in den Becher träufelt. Sieh, wie dort endlich der pedantische Gelehrte ein Plätzchen gefunden hat, wo es ihm behagt, weil ein Zirkel horchender Jünglinge sich um ihn gesammelt hat, welche seine strömende Weisheit begierig einzusaugen scheinen, indeß er in süßem Selbstgenusse verloren nicht bemerken kann, daß die Zuhörer lieber unter den Zirkel der Frauen sich mischten, wo sie eigentlich hingehören, und wo sie mit ihren Wünschen und Blicken zugegen sind. Du fragst, warum sie doch bei dem Pedanten aushalten? Sie fürchten seinen Einfluß auf ihr künftiges Glück und wissen, daß ein solcher Mensch nichts weniger verzeiht, als daß Jemand andere Neigungen haben könne als er selbst nährt. Unzufrieden steht dort ein vielfach besternter und bebänderter Mann in einem

Fenster, seine Lorgnette mit dem Schein tiefsinniger Abwesenheit in der Hand drehend. Er ist nicht ohne Geist, er hat schon oft mit Witz und Verstand gesprochen, aber er kann nirgends seinen Stand vergessen, der ewig eine düstere Scheidewand zwischen ihn und die Natur tritt. Furcht und ängstliche Besorgniß spricht aus den Mienen und Bewegungen jenes Unberühmten, Stand- und Namenlosen. Kaum wagt er es, den Mund zu öffnen, weil er nicht weiß, ob nicht in derselben Minute sein hoher Gönner reden will, oder er etwas vorbringen könnte, das nicht den Beifall desselben erhielte; dann wendest du dich zum schönen Kranz der Frauen, wo du mit Recht die gekränkte Freiheit Schutz und fröhliche Aufnahme genießen sehen solltest; aber was erblickst du oft hier anders als Neid und Mißgunst, Schadenfreude, Prunksucht und Lästerung? ist nicht immer die eine der Stoff zu erbarmungslosen Tadel für die audere? und kann man sich der Gunst der Meisten anders als durch

Stadtgeschichten oder das gemeinste Höfeln erwerben? Man wird freilich dieses Bild eine Karrikatur schelten, und es ist auch wirklich eine, aber verdienen nicht gesellschaftliche Untugenden, welche den edelsten Genuß des Menschen zerstören, mehr als ein politischer Feind, Zerrbilder und Spottgedichte?

Durch dieses so eben aufgestellte Bild einer verunglückten Gesellschaft ist zugleich ein anderes Erforderniß eines wahrhaft geselligen Zirkels, eines eigentlich so zu nennenden Umgangs angedeutet worden. Wir meinen die Gleichheit und Freiheit der den Gesellschaftskreiß ausmachenden Mitglieder. Wenn Mittheilung des individuellen Lebens, Verschmelzung des Einzelnen mit dem Ganzen oder der Idee der Menschheit, Zweck der Gesellschaft ist, so muß durchaus nichts vorhanden seyn, was die freie Aeußerung der Individualität hindert oder unmöglich macht. Dieses aber muß jederzeit geschehen, wo das Gefühl der gegenseitigen

Gleichheit vermißt wird. Es versteht sich von selbst, daß hier nicht bloß auf eine äußere zufällige gesehen werden kann, wiewohl auch diese gar sehr beachtet zu werden verdient, und sogleich näher betrachtet werden soll, sondern daß wir vorzüglich die innere, in dem Wesen der Gesellschaftsglieder selbst begründete meinen, und diese wird vorzüglich durch gemeinschaftliche Anerkennung eines Ideals der Menschheit, einer gemeinschaftlichen Tendenz nach ächt humaner Bildung hervorgebracht. Wo diese nicht statt findet, wie können sich da die Einzelnen verstehen, wie gegenseitig ihre Gedanken und Empfindungen umtauschen, und in diesem Umtausch einen erquickenden, erheiternden Genuß suchen und finden! Statt der geselligen, lebenerregenden Unterhaltung, welche zwar verschiedene Ansichten, Meinungen, Grundsätze und Begriffe von den einzelnen Erscheinungen der Menschheit und des Lebens duldet, ja erfordert, entsteht eine wahrhaft kriegerische Opposition, ein gegenseitiges Bekämpfen und Bestreben zu herrschen und zu unterdrücken, wodurch nothwendig sogleich alles Leben und alle Freude erstickt werden muß; und der Unglückliche, der in der Gesellschaft gern das tägliche Leben, den Kampf um Existenz und freie Regung seiner Kraft, vergessen möchte, sieht sich hier von neuem und auf eine noch drückendere Weise darein verflochten.

Jeder vernünftige Mensch wird daher, so weit es ihm andere Rücksichten erlauben, jeden Zirkel zu vermeiden suchen, wo er diese edle Gleichheit und Freiheit nicht zu finden hoffen darf. Indessen kann wohl auch, für einige Male wenigstens, das Wesen durch den Schein ersetzt werden, und das Bild für die Gottheit selbst gelten. Wo nämlich nur guter Ton herrscht, wird man doch durch die angenehme Illusion jenes Gleichheitsgefühles getäuscht werden, denn es beweißt jederzeit, selbst unter den höchsten Ständen, einen Mangel aller feinen Sitte, wenn auch nicht einmal eine solche Täuschung möglich ist, sondern sich dasjenige, was die Menschen im Leben trennt, empfindlicher und schmerzlicher noch in dem Kreiße der Gesellschaft hervordrängt. Es kann zuweilen wohl einem eminenten Geiste gelingen, durch eine Art von Revolution die ursprüngliche Gleichheit wiederherzustellen; allein wer wird diesen gewaltsam erzeugten Zustand wohlthuend und erfreulich finden. So wie aber die innere, in der Gesinnung, der geistigen Organisation und Bildung der Gesellschaftsglieder beruhende Ungleichheit derselben allen eigentlichen Umgang gerade zu unmöglich macht, weil hier an keine Mittheilung und verständige, sinnvolle Aufnahme des Mitgetheilten zu denken ist, so erschwert die äußere Ungleichheit denselben wenigstens.

Nur wenig Menschen selbst von denen, welchen man seine Achtung und Liebe nicht versagen kann, sind im Stande, sich nur auf Momente ganz frei über das Leben zu erheben und sich nur als Menschen zu fühlen, geschweige denn ein doppeltes Leben zu führen. Die meisten begleitet immerfort das Gefühl dessen, was sie durch ihre bürgerlichen Verhältnisse sind, und ehe man sichs versieht, stört einem in der rührenden Freude an ihren wahrhaft menschlichen Aeusserungen die Erscheinung des Gemeinen, Beschränkten, Dürftigen, welches ihnen durch Stand oder Geschäfte eigen geworden ist. Laß einen geistreichen und gebildeten Mann einem andern in der Gesellschaft sich nähern, der dieß auch, aber zugleich reich oder vornehm ist; so wirst du meistens finden, daß sie zwar eine angenehme Unterhaltung mit einander führen werden, daß das Gleichartige in ihnen sich gegenseitig anspricht und vereinigen will; allein nie wird es unter ihnen zu eigentlicher Vertraulichkeit kommen, wenn nicht der Andere ein wahrhaft ausgezeichneter Mensch, oder ihr Verhältniß zur wahren Freundschaft geworden ist. Schon der Anblick der Umgebungen wirkt hier nicht wenig jenes fröhliche Vertrauen zu ersticken, welches die Seele alles eigentlich geselligen Genusses ist. Der minder beglückte wird sich meistens nur geduldet fühlen, und der vom Glück erhobene wird den Schein von herablassender wohlthätiger Milde haben, beide vielleicht absichtslos und unwillkührlich, aber schon das ist genug, um die edle Freiheit zu verscheuchen, welche allein der Geselligkeit erquickendes Leben giebt. Der edle Mensch wird gern Wohlthaten empfangen, aber nur aus den Händen der Freundschaft, und wo diese einmal die Herzen verbunden hat, da ist freilich jedes Mißtrauen, jeder Zweifel, jede störende Besorgniß im Umgange ganz unmöglich; aber ach! wie selten reift diese himmlische Frucht in unserer rauhen Zone! wo sind die Freunde, in deren schönen Bund nicht zuweilen Eitelkeit und Selbstsucht sich zudrängen versucht hätte! wo die Herzen, die mit immer gleicher Liebe einander umfaßten und auch den kleinsten Genuß ohne Theilnahme freudenlos fänden! — Von solcher Freundschaft gilt auch das, was der so menschlich fühlende Schiller von dem schönen Alterthume sagt: Ach nur in dem Feeenland der Lieder lebt noch ihre goldne Spur! —

Aus dem in dem Vorhergehenden aufgestellten Begriffe der Gesellschaft wird sich leicht und ungezwungen der höchste Grundsatz ableiten lassen, der den Freund des geselligen Lebens bei Allem leiten muß, was er in Beziehung auf dieses ersinnt und thut. Er läßt sich vielleicht am passendsten und kürzesten in folgender Formel ausdrücken:

Strebe nach Mittheilung deines Wesens auf eine solche Weise, daß die Gesellschaft, mit der du in Verbindung trittst, den möglichst größten Genuß ihrer eigenen Menschheit erhalte;

oder:

In jeder Gesellschaft herrsche eine solche gegenseitige Mittheilung der Individuen, wodurch einem Jeden der möglichst größte Genuß der Menschheit zu Theil werden kann.

Erholung sucht der Mensch in der Gesellschaft und durch den Umgang mit Andern, aber nicht in Ruhe durch Unthätigkeit, vielmehr wünscht er durch Andere aufgemuntert, zur Thätigkeit erregt zu werden; allein diese soll nicht so beschaffen seyn, wie diejenige, wozu jeder sich durch seinen Beruf aufgefordert sieht, und welche er Arbeit nennt. Der Arbeit aber setzt man das Spiel entgegen; er will also in eine spielende Thätigkeit versetzt seyn. Die Seele jedes Spieles aber ist Abwechselung, oder Aufregung nicht einer Kraft des Menschen, und immerwährende Richtung derselben auf ein Ziel, sondern verschiedener Kräfte zugleich oder nach einander, und ein Spiel ist um so interessanter, je mehrere dadurch angenehm beschäftigt werden; Abwechselung ist das einzige Mittel der

Ermüdung vorzubeugen. Für diese ist nun in dem Kreise der Gesellschaft schon durch die Individualität der einzelnen Glieder derselben gesorgt. Jeder, der sich hier auf seine ihm eigenthümliche Weise äußert, erregt die geistige Thätigkeit der andern auf eine verschiedene Weise, veranlaßt sie sich für den Moment in seine Denkart und Gesinnung zu versetzen, weil alles Verstehen eines fremden Daseyns nur allein dadurch möglich wird, und so kann es nicht fehlen, daß nach und nach die meisten Seiten unserer Natur zu unserm Bewußtseyn gelangen, die meisten der uns einwohnenden Kräfte, Neigungen, Triebe und Bestrebungen in Thätigkeit gesetzt werden. Man sieht daher, wie nöthig es ist, daß das individuelle geistige Leben frei sich regen könne, und daß der, der in der Gesellschaft das finden will, was er sucht, und derselben das leisten will, was er soll, ohne Furcht daselbst erscheine, von dem edlen Selbstgefühl der gebildeten Menschheit in sich unterstützt; allein man erkennt zugleich auch, daß ihm diese Bildung, oder wenigstens die Anlage und Tendenz dazu nicht fehlen dürfe, weil seine Individualität sich nicht kämpfend der andern entgegensetzen, oder diese überwältigen, sondern sich mit ihr vereinigen soll. Der Punkt aber dieser Vereinigung liegt in dem gemeinschaftlichen Gefühl der höhern Menschheit, in dem Bewußtseyn, dem Unendlichen und Ewigen als Theil anzugehören, in welchem sich das Ganze abdrückt, oder das Göttliche in seiner eigenen Brust zu tragen. Das Bewußtseyn des Vermögens ist überall der höchste Genuß, höher wenigstens als der der augenblicklichen Aeußerung desselben; mehr als das vollendetste Werk erfreut den Genius das Gefühl seiner Schöpferkraft, mehr als die gefundene Wahrheit den Denker das Gefühl seines Scharfsinnes, seiner Alles durchschauenden Denkkraft, mehr als die gute That den edlen Menschen das Bewußtseyn seiner Gesinnung. Wenn wir daher den möglichst größten Genuß der Menschheit zum Zwecke des gesellschaftlichen Umgangs machen, so glauben wir dieses durch jene Bemerkung rechtfertigen zu können.

Da aber der Mensch nicht bloß Geist, sondern auch ein, sinnlicher Eindrücke fähiges, Geschöpf ist, für welches nicht allein das Wesen, sondern auch die Erscheinung Reitz und Interesse hat, so versteht es sich von selbst, daß derjenige, welcher den Zweck der Gesellschaft befördern will und davon Genuß erwartet, auch dahin streben müsse, Alles wenigstens zu vermeiden, was den andern Gesellschaftsgliedern in seiner sinnlichen Erscheinung widrig werden könnte, vielmehr muß er darauf denken, da, wo ihn in dieser Hinsicht die Natur nicht begünstigt hätte, derselben durch freie Thätigkeit nachzuhelfen, und sich in den Stand zu setzen, jeden entfremdenden Eindruck seines Aeußern sogleich durch geistige Liebenswürdigkeit verlöschen zu können. Wie viel der Mensch in dieser Hinsicht vermag, zeigt uns Schiller in seiner Abhandlung über Anmuth und

Würde. Nachdem er nämlich die Anmerkung gemacht hat, daß der Geist sich sogar seinen Körper selbst bilde, und der feste Bau der Bewegung oder dem Spiele der geistigen Kraft folgen müsse, fährt er also fort:

„So wie ein feindseliger, mit sich uneiniger Geist selbst die erhabenste Schönheit des Baues zu Grunde richtet, so daß man unter den unwürdigen Händen der Freiheit das herrliche Meisterstück der Natur zuletzt nicht mehr erkennen kann, so sieht man auch zuweilen das heitere und in sich harmonische Gemüth der durch Hindernisse gefesselten Technik zu Hülfe kommen, die Natur in Freiheit setzen, und die gleichsam noch eingewickelte gedrückte Gestalt mit göttlicher Glorie auseinander breiten. „Die plastische Natur des Menschen hat unendlich viele Hülfsmittel in sich selbst, ihr Versäumniß einzubringen, und ihre Fehler zu verbessern, so bald nur der sittliche Geist sie in ihrem Bildungs-

„werke unterstützen oder auch manchmal „nur nicht beunruhigen will.“

Das, was der große Dichter und Philosoph hier ein heiteres und in sich harmonisches Gemüth genannt hat, bezeichnet er an einem andern Orte mit dem Namen einer schönen Seele, und stellt folgendes Bild derselben auf:

„Eine schöne Seele nennt man es, wenn sich das sittliche Gefühl aller Empfindungen des Menschen endlich bis zu dem Grade versichert hat, daß es dem Affekt die Lenkung des Willens ohne Scheu überlassen darf, und nie Gefahr läuft, mit den Entscheidungen desselben im Widerspruche zu stehen. Daher sind bei einer schönen Seele die einzelnen Handlungen eigentlich nicht sittlich, sondern der ganze Charakter ist es. Man kann ihr auch keine einzige darunter zum Verdienst anrechnen, weil eine Befriedigung des Triebes nie verdienstlich heißen kann. Die schöne Seele hat kein anderes Verdienst als daß sie ist. Mit einer Leichtigkeit, als wenn bloß der Instinkt aus ihr handelte, übt sie der Menschheit peinlichste Pflichten aus, und das heldenmüthigste Opfer, das sie dem Naturtriebe abgewinnt, fällt wie eine freiwillige Wirkung eben dieses Wirkens in die Augen. Daher weiß sie selbst auch niemals nun die Schönheit ihres Handelns, und es fällt ihr nicht mehr ein, daß man anders handeln und empfinden könne; dagegen ein schulgerechter Zögling der Sittenregel, so wie das Wort des Meisters ihn fordert, jeden Augenblick bereit seyn wird, von dem Verhältnisse seiner Handlungen zum Gesetze die strengste Rechnung abzulegen. Das Leben des letztern wird einer Zeichnung gleichen, worinnen man die Regel durch harte Striche angedeutet sieht, und an der allenfals ein Lehrling die Prinzipien der Kunst lernen könnte. Aber in einem schönen Leben sind, wie in einem Titianischen Gemälde, alle jene schneidenden Grenzlinien verschwunden, und doch tritt die ganze Gestalt um desto wahrer, lebendiger, harmonischer hervor.

In einer schönen Seele ist es also, wo Sinnlichkeit und Vernunft, Pflicht und Neigung harmoniren, und Grazie ist ihr Ausdruck in der Erscheinung. Nur im Dienste einer schönen Seele kann die Natur zugleich Freiheit besitzen, und ihre Form bewahren, da sie erstere unter der Herrschaft eines strengen Gemüths, letztere unter der Anarchie der Sinnlichkeit einbüßt. Eine schöne Seele gießt auch über eine Bildung, der es an architektonischer Schönheit mangelt, eine unwiderstehliche Grazie aus, und oft sieht man sie selbst über Gebrechen der Natur triumphiren. Alle Bewegungen, die von ihr ausgehen, werden leicht, sanft und dennoch belebt seyn. Heiter und frei wird das Auge strahlen und Empfindung wird in demselben glänzen. Von der Sanftmuth des Herzens wird der Mund eine Grazie erhalten, die keine Verstellung erkünsteln kann. Keine Spannung wird in den Mienen, kein

Zwang in den willkührlichen Bewegungen zu bemerken seyn, denn die Seele weiß von keinem. Musik wird die Stimme seyn, und mit dem reinen Strom ihrer Modulationen das Herz bewegen. Die architektonische Schönheit kann Wohlgefallen, kann Bewunderung, kann Erstaunen erregen, aber nur die Anmuth hinreißen, die Schönheit hat Anbeter, Liebhaber hat nur die Grazie, denn wir huldigen dem Schöpfer und lieben den Menschen."

Dagegen schildert er an einer andern Stelle den Anblick eines Menschen, der die sinnliche Natur gar nicht durch die moralische Freiheit zu beherrschen und jener dadurch eine schöne oder gefällige Form zu geben wisse:

„Wenn der Mensch, sagt er, unterjocht vom Bedürfnisse, den Naturtrieb ungebunden über sich herrschen läßt, so verschwindet mit seiner innern Selbstständigkeit auch jede Spur derselben in seiner Gestalt. Nur die Thierheit redet aus dem schwimmenden, ersterbenden Auge, aus dem lüstern geöffneten Munde, aus der erstickten, bebenden Stimme, aus dem kurzen geschwinden Athem, aus dem Zittern der Glieder, aus dem ganzen erschlaffenden Bau. Nachgelassen hat aller Widerstand der moralischen Kraft, und die Natur in ihm ist in volle Freiheit gesetzt. Aber eben dieser gänzliche Nachlaß der Selbstthätigkeit, der im Momente des sinnlichen Verlangens, und noch mehr im Genusse zu erfolgen pflegt, setzt augenblicklich auch die rohe Materie in Freiheit, die durch das Gleichgewicht der thätigen und leidenden Kräfte bisher gebunden war. Die todten Naturkräfte fangen an über die lebendigen der Organisation die Oberhand zu bekommen, die Form von der Masse, die Menschheit von gemeiner Natur unterdrückt zu werden. Das seelestrahlende Auge wird matt, oder quillt auch gläsern und stier aus seiner Höhlung hervor, der feine Inkarnat der Wangen verdickt sich zu einer groben und gleichförmigen Tüncherfarbe, der Mund wird zur bloßen Oeffnung, denn seine Form ist nicht mehr Folge der wirkenden, sondern der nachlassenden Kräfte, die Stimme und der seufzende Athem sind nichts als Hauche, wodurch die beschwerte Brust sich erleichtern will, und die bloß ein mechanisches Bedürfniß, keine Seele verrathen. Mit einem Worte: bei der Freiheit, welche die Sinnlichkeit *sich selbst* nimmt, ist an keine Schönheit zu denken. Die Freiheit der Formen, die der sittliche Wille bloß *einge*schränkt hatte, *überwältigt* der grobe Stoff, welcher stets so viel Feld gewinnt als dem Willen entrissen wird.

Ein Mensch in diesem Zustande empört nicht bloß den *moralischen* Sinn, der den Ausdruck der Menschheit unnachläßlich fordert, auch der *ästhetische* Sinn, der sich nicht mit dem bloßen Stoffe befriedigt, sondern in der Form ein freies Vergnügen sucht, wird sich mit Ekel von einem solchen Anblicke wenden, bei welchem nur die *Begierde* ihre Rechnung finden kann."

Die Art und Weise geselliger (nämlich

persönlicher) Mittheilung also — denn es kann auch eine nichtpersönliche geben — wodurch der möglichst größte Genuß der Menschheit befördert wird, besteht in der vollkommensten Harmonie zwischen dem Innern und Aeußern jedes Gesellschaftsgliedes, oder in der Uebereinstimmung seiner geistigen Vollkommenheit mit der Form ihrer Aeußerung oder Erscheinung. Da wir von den Formen des geselligen Betragens in dem Folgenden umständlicher handeln werden, so fügen wir hier nichts weiter zur Erläuterung des aufgestellten höchsten Grundsatzes der Geselligkeit bei als dieß: daß er eben so sehr eine Klugheitsmaxime als eine Sittenregel ist, weil im Umgange oder in der Gesellschaft jeder nur so viel zu erhalten hoffen darf als er giebt, und im gegenseitigen freien Umtausch das Eigenthümliche derselben begründet ist. Wer sich nicht immerfort bemüht Andern die größte Freude zu machen, darf nicht hoffen sie durch Andere und bei Andern zu finden.

Formen des geselligen Betragens. Schönheit derselben. Ueber Höflichkeit, Artigkeit und das Zuvorkommende im Betragen. Ton der Gesellschaft. Verhältnisse der Geschlechter im Umgange. Ueber Galanterie.

So lange in dem Menschen der Sinn für die Form, der Gestalt oder Erscheinung der Dinge noch nicht erwacht ist, so lange darf er auch noch nicht sagen, daß er Mensch sei, in der vollen, schönen Bedeutung des Wortes. Erst mit seinem Eintritte in das Reich der Formen, oder des Scheines, geht ihm die Menschheit auf, erst hier erhält er gleichsam sein Adelsdiplom, die Bestätigung seiner Würde, denn er empfängt hier erst seine Freiheit. Vorher schmachtet er entweder in den Banden des thierischen Instinktes, und kennt keinen Genuß als den der Befriedigung seiner Naturtriebe, oder er wirkt als reine Intelligenz und zerstört die Harmonie, zu welcher sich sein sinnlich geistiges Wesen ausbilden sollte. In beiden Fällen verfehlt er seine Bestimmung, denn wenn er im ersten bloß als individuelles Leben erscheint und auf Zerstörung durch Genuß ausgeht, so rächt sich im zweiten die unterdrückte oder verschmähte Natur durch unvermuthete Aeußerung ihrer Gewalt, und wir sehen nicht selten den unter den Geistern Wandelnden im Schlamm der Sinnlichkeit versinken. Am auffallendsten verräth sich aber dieser Mangel an Sinn für die Form oder die Erscheinung im geselligen Leben, hier wo gerade Alles darauf ankommt, daß der Mensch, neben der Ausbildung seines geistigen Wesens, auch seine sinnliche Natur, oder seine ganze Individualität, nicht nur treu und rein bewahre, sondern auch zur freien Mittheilung läutere und erhöhe, hier wo Freiheit und Achtung vor der Menschheit die Grundbedingung des fröhlichen Lebens ist. Freiheit zu geben durch Freiheit ist das Grundgesetz des ästhetischen Staats, oder des Reiches der Form;

nicht weil das eine nachgiebt, darf das andere mächtig seyn, hier darf es nur Sieger, aber keinen Besiegten geben. Eine schönere Nothwendigkeit muß, um mit Schiller zu sprechen, die Geschlechter zusammen ketten, und der Herzen Antheil muß das Bündniß bewahren helfen, das die Begierde nur launisch und wandelbar knüpfte. Das ruhigere Auge muß die Gestalt ergreifen, die Seele in die Seele schauen, und aus einem eigennützigen Tausche der Lust ein großmüthiger Wechsel der Neigung werden. Der Mächtige muß sich dem zarten Gerichte des Geschmackes unterwerfen, denn die Lust konnte er rauben, aber die Liebe muß eine Gabe seyn. So wie die Schönheit den Streit der Naturen in dem einfachsten und reinsten Exempel, in dem ewigen Gegensatz der Geschlechter löst, so löst sie ihn, oder zielt wenigstens dahin, ihn auch in dem verwickelten Ganzen der Gesellschaft zu lösen, um nach dem Muster des freien Bundes, den sie dort zwischen der männlichen Kraft und der weiblichen Milde knüpft, alles Sanfte und Heftige in der moralischen Welt zu versöhnen. Die Schönheit allein, oder der Sinn für die Form, kann dem Menschen einen geselligen Charakter ertheilen, und der Geschmack bringt Harmonie in die Gesellschaft, weil er Harmonie in dem Individuum stiftet.

Die Form, welche man bei vielen Dingen nur als eine Nebensache zu betrachten gewohnt ist, wird daher bei dem geselligen Betragen etwas Wesentliches. Nun aber fragt es sich: worinnen besteht diese Form, und was gehört zu derselben?

Diese Frage, leicht zu beantworten bei dem was in der Sinnenwelt erscheint, und mit dem Auge aufgefaßt, oder durch die nachbildende Phantasie zur innern Anschauung gebracht wird, wie bei Werken der Kunst und Natur, wird um so schwieriger, je mehr sich das geformte oder gebildete den Sinnen entzieht und in das Gebiet des reingeistigen übergeht, wie dieses der Fall ist bei Handlungen oder Aeußerungen des menschlichen

Willens und seiner innern Thatkraft. Eine Handlung oder Willensäußerung ist nur denkbar in Beziehung auf ein anderes menschliches Individuum oder die Menschheit überhaupt. Die Art und Weise und wie durch eine solche Handlung auf ein fremdes freies Wesen eingewirkt wird, und wodurch sich die Idee ausdrückt, welche der Handelnde von dem andern sich gebildet hat, ist eigentlich die Form der Handlung. Ein Beispiel wird dieses sogleich klar machen: Du hast dir vorgenommen jemanden eine Wohlthat zu erweisen; sie soll in dem Geschenk einer gewissen Summe Geldes bestehen. Du kannst ihm diese entweder so zukommen lassen, daß er das ganze Verhältniß zwischen dir, dem Geber, und sich, dem Empfänger, mit Allem was in demselben für ein edles Gemüth Bitteres liegt, tief empfinde, oder du kannst auf ein Mittel denken, wodurch das Verhältniß so viel wie möglich bedeckt, und seines Zartgefühls geschont wird. In diesem deinem Benehmen bei Mittheilung deiner Wohlthat nun besteht die Form deiner Handlung, und du mußt einsehen, daß, so lauter und rein auch in beiden Fällen deine Gesinnung seyn mag, deine Handlung doch durch die sie begleitende Form entweder herabgesetzt oder erhöht werden kann. Zugleich aber lehrt auch dieses Beispiel, daß in der Form sich der eigentliche Charakter des Menschen enthülle, und daß ein feiner Sinn bei Allem was durch Andere in Beziehung auf ihn gewirkt wird, immer zuerst auf jene achte, denn sie berührt gerade seine Menschheit auf ihrer zartesten, empfindlichsten Seite. Im geselligen Leben oder dem Umgange ist aber die Form einer sorgfältigerern Beachtung werth, als bei irgend einem andern Verhältnisse, worein der Mensch gegen den Menschen treten kann, weil man dort Erholung und Genuß sucht, und sich in angenehmer Täuschung in eine Welt versetzt zu sehen wünscht, wo Freiheit und edle Gleichheit herrschen, und jeder gern der ihn in seinem Beruf oft so hart und rauh berührenden wirklichen Menschheit im Genusse der idealen vergessen möchte. Die Form des geselligen Betragens ist demnach die Art und Weise, wie sich das Individuum dem gesellschaftlichen Kreise mittheilt, und die durch dieses Benehmen versinnlichte Idee, welche es von denen hegt, mit denen es umgeht. Diese Form des geselligen Betragens nun wird im Allgemeinen gefällig oder schön seyn dann, wann man sich dadurch auf eine angenehme Weise berührt fühlt, oder wann sie nichts zu unserm Bewußtseyn bringt, wodurch der Genuß, den wir im Kreiße der Gesellschaft zu suchen berechtigt sind, gestört werden könnte; den höchsten Grad der Vollendung oder Schönheit wird sie indessen nur dann erreichen, wann der Einzelne durch das Benehmen des Andern gegen ihn veranlaßt wird, das Individuum in beiden Personen, in sich und dem Andern ganz zu vergessen, um sich des schönen Ausdrucks schöner Menschheit an sich zu erfreuen. Es giebt freilich nur wenig Personen, denen es, einerseits der Grad ihrer intellektuellen und moralischen Bildung, andererseits aber auch die Begünstigung der plastischen Natur in der äußern Gestalt möglich macht in dieser Verklärung aufzutreten, allein so viel ist gewiß, daß sie, aber nur sie allein beweisen, daß es keinen höhern Genuß für den Menschen geben könne, als einen solchen Umgang. Was indessen bei Männern, — welche überhaupt weniger zum angenehmen geselligen Verkehr geeignet sind als die Frauen, daher auch diese mit Recht für die Würze jeder Gesellschaft gehalten werden — was bei Männern durch Freiheit selten möglich ist, findet sich durch Natur erzeugt zuweilen bei den Frauen. Unter ihnen treten von Zeit zu Zeit solche Huldgöttinnen hervor, welche durch die Form ihrer Mittheilung, durch die Art und Weise, wie sie sich in der Gesellschaft benehmen, alles in den oberwähnten Zustand versetzen oder bezaubern. Man glaubt bei einer solchen Erscheinung, die Natur habe sich hier in ihrem unendlichen Reichthume erschöpft, und nichts Höheres ahndend und begehrend, genießt jeder des reinsten Entzückens.

Die Form des geselligen Betragens ist daher, wie man sieht, abhängig von der Bildung und moralischen Gesinnung des Individuums, und wenn dieses seinem Wesen nach rauh und ungefällig ist, kann es auch unmöglich in einer gefälligen Form erscheinen, sobald es diese allein aus sich selbst erzeugen soll. Da man es nun aber nicht immer in der Gewalt hat, dergleichen Individuen aus dem gesellschaftlichen Kreiße zu verbannen, so ist man früh schon darauf bedacht gewesen, durch stillschweigende Uebereinkunft gewisse bestimmte Formen für das gesellige Betragen festzusetzen, welche man konventionelle nennen kann, da man im Gegentheil diejenigen, welche sich der Mensch in jedem Momente der Aeußerung seines Innern selbst erzeugt, nicht mit Unrecht freie oder willkührliche nennet.

Jene die konventionellen nämlich sind entweder allgemeine oder besondere. Allgemeine sind sie, wenn sie jeder Gesellschaft anpassen, und besondere, wenn sie nur auf diese oder jene, aus einer gewissen Klasse von Menschen bestehende Gesellschaft anwendbar gefunden werden.

Unter die allgemeinen konventionellen Formen des geselligen Umgangs muß man vor allen die Höflichkeit und die Artigkeit rechnen.

Also unterscheidest du beide? höre ich hier fragen. Allerdings. Es sind zwei verschiedene Worte, von denen jedes eine eigene Abstammung hat, und man würde gewiß nicht zwei Worte erfunden haben, die ganz genau dasselbe ausdrücken sollten.

Artigkeit kommt her von Art, Gattung, und bedeutet wohl ursprünglich, nach der Analogie des Wortes Mäßigkeit und anderer, ein solches geselliges Betragen, wodurch der Mensch seinen Gattungscharakter recht bestimmt und rein ausdrückt. Der Gattungscharakter des Menschen aber besteht in der Möglichkeit sein Individuum im Allgemeinen zu vergessen, oder für Ideen und in Ideen zu leben, mit einem Worte in der höhern Liebe, in dem Verschmelzen Aller in Einem. Einen Menschen nun, der in seinem Benehmen gegen Andere immer diesen Ausdruck von höherer Liebe vorwalten läßt, würde ich eigentlich artig nennen; so wie man den mäßig nennt, der im Genusse überall auf ein bestimmtes Maaß Rücksicht nimmt, und sich dieß zum herrschenden Grundsatze gemacht hat.

Höflichkeit aber würde, dieser Erklärung gemäß, dasjenige gesellige Benehmen genannt werden, welches die Sitten des Hofes oder den Ton desselben ausdrückt, oder auszudrücken sucht. Ein Hof aber ist nur durch einen Fürsten möglich. Dieser ist der

Mittelpunkt, um den sich Alles bewegt, auf den sich alles bezieht, was zum Hofe gerechnet wird. Die höchste Pflicht derer nun, welche diesen ausmachen, ist Gehorsam gegen den Fürsten, und das Bestreben, ihm so viel Annehmlichkeiten als möglich zu schaffen. Man sieht aber, daß dadurch ein gewisser Ausdruck von Unterwürfigkeit, von Vergessen der eigenen Person um einer fremden willen, nicht aber in der Idee der Menschheit, die auch dem sich vergessenden eigen ist und bleibt, erzeugt werden muß. Ein höfliches Betragen wird daher auch ein solches heißen, wodurch der Mensch ein Nachsetzen seiner eigenen Person in Beziehung auf eine fremde auszudrücken sucht, nicht weil er sie für liebenswürdig als Menschen hält, sein eigenes Wesen also mit dem des andern zur Vereinigung in Liebe sich hinneigt, sondern weil es der Begriff, den er von dem Andern sich gebildet hat, oder sein eben vorwaltender Zweck also erfordert.

Die Artigkeit würde also mehr eine Tugend

des Herzens, die Höflichkeit mehr eine des Kopfes seyn. Zur Höflichkeit könnte man sich gewöhnen, zur Artigkeit nicht. Die Höflichkeit würde mehr im Unterlassen dessen, was dem Andern unangenehm seyn könnte, bestehen, indeß die Artigkeit mehr durch positive Leistungen, durch Erzeigung von Annehmlichkeiten sich äußern würde; denn eine Tugend, welche die Klugheit befohlen hat, sucht immer mit so wenig als möglich abzukommen, und die kalte Pflicht wird mit dem kleinsten Maaße befriedigt, da hingegen jede aus Liebe oder dem Herzen stammende gute Eigenschaft keine Berechnung des Zuviel oder Zuwenig, und kein strenges eigennütziges Maaß kennt.

Ein höflicher Mensch brauchte ferner gerade nicht ein guter zu seyn, da hingegen ein artiger, wenn auch nicht immer vollkommen gut, doch wenigstens nicht vollkommen böse seyn würde; auch müßte Artigkeit natürlich ein größeres Lob ertheilen, als Höflichkeit.

Wenn z. B. jemand in einem Gespräche dem Andern nicht geradezu widerspricht, sondern immer so viel wie möglich seiner Meinung zu seyn vorgiebt, wenn er dem Andern bei Tische, oder wo er sonst öffentlich sich mit ihm zeigt, den Vorrang läßt, und freiwillig aus anscheinender Achtung gegen die Würde des Andern, nachsteht, dann ist er höflich zu nennen; wenn er dir aber, wo er dich zu Gaste geladen hat, dein Leibgericht vorsetzt, wenn er dich, wenn du krank bist, besucht, und um dir einige düstere Stunden zu erheitern selbst etwas von seinem Vergnügen aufopfert, wenn er im Schauspiel den Sitz, den er allein behaupten könnte, mit dir theilt, um dir es bequemer zu machen, wenn er dir, als einem Fremden, die Wahrheit sagt, um dich vor beträchtlichem Schaden zu schützen, dann ist er artig.

Im Umgange mit den Frauen wird mit Recht besonders die Artigkeit geschätzt, und ein Mann, der gegen die Damen bloß höflich ist, kommt leicht in den Verdacht, kein rechter Mann zu seyn, denn der Umgang mit Weibern ist größtentheils, und weit öfterer als der mit Männern, eine Sache der freien Wahl, und also mehr des Herzens und der Neigung.

Nach diesen Bestimmungen beider Begriffe des der Höflichkeit und des der Artigkeit scheint es, als ob nur die Höflichkeit eine eigentliche Form des geselligen Benehmens seyn könnte, da hingegen die Artigkeit aufhören müsse dieses zu seyn, wenn sie bloß zur Form oder Außenseite wird. Indessen ist es doch wohl auch möglich, daß jemand, wenigstens so lange er in einem gesellschaftlichen Kreiße verweilt, selbst aus unlauterer Absicht sich stellen kann, als ob er artig sei, und dieses ist schon genug, wenigstens für den augenblicklichen Zweck der Gesellschaft, wo es mehr darauf ankommt, welche Meinung andere von uns haben, wie sie unsere Individualität betrachten, als was wir wirklich sind, denn sie erhalten, so lange sie nur an unsere edlere Menschheit glauben, oder nicht auffallend in der guten Meinung, die man von jedem hegt, den man nicht ganz genau kennt, gestört werden, den ganzen Genuß der Geselligkeit, auch wenn der Form das innere Wesen nicht entspricht. Eine andere Frage ist es, ob der sich nur artig stellende dabei für die Folge, und wenn es darauf ankommt, ein dauerndes Band der Geselligkeit zu knüpfen, gewinne? welches allerdings verneint werden muß, denn eine erheuchelte Eigenschaft des Herzens, oder die bloße Schminke wahrer Tugend entfernt und trennt die Menschen nothwendig von einander, wenn sie nicht durch Bande des Eigennutzes verknüpft werden, welches im freien Umgange nicht vorausgesetzt wird.

Der höchste Grad von Höflichkeit und Artigkeit ist aber das Zuvorkommende im geselligen Betragen; wiewohl dieses nicht unter die bloß konventionellen Formen desselben gerechnet werden kann.

Das Zuvorkommende aber besteht eigentlich in dem Bestreben, die nicht geäußerten Wünsche eines dritten freiwillig oder unaufgefordert zu erfüllen.

Wenn die Höflichkeit mehr eine Tugend des Verstandes, und zwar des Verstandes allein ist, wie dies denn aus manchen ihr zugegebenen Beiwörtern erhellt, z. B. wenn man von kalter, feiner, studirter Höflichkeit spricht; die Artigkeit aber mehr ihren Sitz im Herzen oder dem Gemüthe hat, und auf eine wohlwollende Gesinnung sich gründet; so ist das Zuvorkommende eine freie Vereinigung von Beidem. Kopf und Herz müssen auf gleiche Weise daran Antheil nehmen, der Kopf, weil man die Wünsche des andern errathen muß, ehe er sie äußert; dazu gehört aber ein feiner und scharfer Blick in sein innerstes Wesen als Individuum, und eine mehr als gewöhnliche Kenntniß der menschlichen Natur überhaupt, damit man auf einer Seite seinen Lieblingswunsch treffe, und auf der andern doch auch keinen solchen auffasse und zu befriedigen suche, welcher mit dem Zwecke des geselligen Lebens überhaupt nicht wohl verträglich ist. Das Herz aber muß daran Antheil nehmen, weil es hier einen freien Entschluß gilt, weil das zuvorkommende Betragen sich auf Liebe und Wohlwollen gründet.

Findet sich dieses Beides nicht mehr in den zuvorkommenden Aeußerungen vereinigt, so verdienen sie auch nicht mehr diesen wirklich schönen Namen, sondern werden Schmeichelei, Kriecherei und Niederträchtigkeit, und das ist offenbar das Schändlichste, was sich von einem Menschen sagen läßt.

Suche ich nämlich den Wunsch eines dritten auszuspähen und zu befriedigen, der sich nicht mit den Gesetzen der Gesellschaft und der schönern Menschlichkeit verträgt, ob ich gleich das Letzte weiß und fühle, so bin ich ein Bösewicht, ein schmeichlerischer, schleichender Bösewicht, und zwar deßhalb, weil mich niemand zu einem solchen Benehmen veranlassen konnte, sondern mein freier Entschluß allein dazu wirksam seyn mußte. Ich suchte nämlich einen Vortheil für mich zu erreichen, den ich nicht mit der Gesellschaft theilen kann, ja der dieser vielleicht geradezu den Untergang droht; das gute Herz nur adelt das zuvorkommende Benehmen, es muß eine freie, nothwendig aus dem Innern sich entwickelnde Form seyn. Daß aber das gute Herz dieses nicht allein auch erzeugen könne, ist ebenfalls klar aus den schon angeführten Gründen.

Ein tadelhaftes Zuvorkommen bewies jener Hofmann, der, als Ludwig XIV. einst den Wunsch geäußert hatte, daß ein gewisser Wald, der ihn die Aussicht auf einen angenehmen Punkt hin versperrte, plötzlich verschwinden möchte, wiewohl dieser der umliegenden Gegend äußerst nützlich war, alle Bäume an der Wurzel ansägen, Stricke an denselben befestigen, und sie so in einem Momente, als Ludwig wieder jenen Wunsch äußerte, umwerfen ließ. Mit vielem Rechte sagte die gegenwärtige Geliebte des Königs:

Ich glaube, wenn der König wünschte unsere Köpfe möchten auf einmal fallen, Sie ließen sie auch so ansägen und niederreißen.

Diese Gefahr, daß das zuvorkommende Betragen leicht in Schmeichelei und Kriecherei ausarten kann, muß daher Eltern und Erzieher äußerst vorsichtig und behutsam machen, wenn sie ihre Kinder und Zöglinge zu einem solchen, freilich immer empfehlenden Betragen gewöhnen wollen. Nur zu bald gewöhnt sich der scharfblickende Jüngling die schwache Seite anderer Leute auszuspähen, und diese zu seinem Vortheile zu benutzen. Er kann aber den, den er betrügen will, nicht achten, und mit dem Verluste der Achtung gegen Andere verliert er nur zu leicht die Achtung gegen sich selbst, welche allein seine Tugend zu schützen vermag. Man erzieht, statt zuvorkommend artiger Menschen, Schmeichler, welche, wenn sie nicht vollendete Bösewichter werden, oder mit der raffinirtesten Schlauheit sich benehmen, endlich entdeckt, und sogleich allgemein gehaßt werden müssen, denn

Jedermann, selbst der Geschmeichelte, haßt und verachtet den anerkannten Schmeichler, weil dieser klein gedacht hat von dem Verstande des erstern. Man dulde daher lieber eine zu weit gehende Freiheit, wenn sie auch der Grobheit sich nähern sollte, weil sie dem moralischen Charakter weniger verderblich und doch auch der Verbesserung und Bildung fähig ist, denn wenn der Grobe sich immer ausgeschlossen sieht von den Freuden der Gesellschaft, so wird er schon von selbst auf das Abschleifen der scharfen Ecken bedacht seyn, welche Andere zu empfindlich verwunden.

Der Schmeichler gleicht in der Gesellschaft dem Giftmischer, der Grobe dem Räuber, der auf offener Straße den Angriff beginnt. Der erste tödtet das Vertrauen, unter allen Gütern des Lebens das herrlichste und unentbehrlichste; der zweite macht das Eigenthum zwar unsicher, aber er weckt doch auch den Muth und die Kräfte der Vertheidigung.

Der Höflichkeit und Artigkeit aber steht entgegen die Grobheit. Wenn der Höfliche sich selbst vergißt um eines Andern willen, oder sein Individuum einem fremden absichtlich nachsetzt, weil er in diesem das Gefühl seines höhern Werthes wenigstens scheinbar zu erregen wünscht; der Artige gleichfalls sein individuelles Daseyn aufopfert oder hingiebt, um seinem edlen Streben nach Befriedigung des höhern menschlichen Bedürfnisses, der allgemeinen Liebe und Verschmelzung des einzelnen Daseyns mit dem fröhlichen Leben der ganzen Gattung, wozu er gehört, Genüge zu thun; so setzt der Grobe sich als Mittelpunkt des geselligen Kreißes, und begehrt daß Andere sich vergessen solten um seinetwillen. Offen und ungescheut verletzt er die Gesetze des geselligen Vereins, wenigstens in so fern sie sich auf die konventionellen Formen des Umgangs beziehen, und gleicht dem Despoten oder dem Aufrührer, der die Bande des Staats gewaltsam vernichtet, in der Absicht, sich an die Stelle des Ganzen zu setzen.

Die Grobheit aber kann entweder seyn eine permanente, bleibende, oder eine augenblickliche, vorübergehende. Jene ist gegründet in der Denkungsart und der Richtung des Charakters, oder in dem Mangel ästhetischer und geselliger Bildung, stammt also entweder aus dem Herzen oder dem Kopfe; diese, die vorübergehende, ist Folge entweder übereilender Heftigkeit einer Beleidigung und Kränkung, oder wohl auch ruhiger Ueberlegung, absichtlich geäußert, um den ganzen Gesellschaftskreiß, oder ein Glied desselben etwas Unangenehmes empfinden zu lassen. Menschlicherweise muß man indeß voraussetzen, daß diese überlegte, gesuchte Grobheit doch wieder immer nur Vertheidigung gegen eine einmal erlittene Kränkung seyn soll, weil nicht leicht ein Mensch so grundböse ist, daß er ohne gereizt zu seyn, dem andern etwas Unangenehmes, Kränkendes zufügen sollte. Indessen giebt es Ausnahmen, denn der Egoismus mit Mangel an Bildung gepaart, ist harter Vergehungen fähig.

So sehr nun auch die permanente Grobheit an sich, und in der Idee, dem Ideale geselliger Vereinigung widerstrebt, so ist sie doch, wenn sie sich, wie dieß wohl meistens der Fall seyn möchte, mit Gutmüthigkeit verbunden findet, gerade kein Grund, warum man ein Individuum für immer aus der Gesellschaft verbannen müßte. Der Grobe aus Charakter, oder der natürlich Grobe, gleicht einem üppig aufgewachsenen Baume, der seine Aeste frei nach allen Seiten verbreitet, nicht achtend, ob in dem Schatten derselben schwächere und zärtere Gewächse verdorren oder siechen. Willst und kannst du einem solchen Baume den freien Wuchs nicht gerade durch das Verschneiden seiner Aeste beschränken, so verpflanze ihn unter Bäume von gleicher Kraft, und er wird von selbst, statt seine Nachbarn zu beschränken oder zu unterdrücken, aufwärts in das

Allen gemeinschaftliche Element der Luft und Sonne streben, oder die üppige Kraft in einer größern Fruchterzeugung erschöpfen. Der natürlich Grobe ist also der Besserung fähig, und läßt sich nicht selten am Ende in ein sehr nützliches Gesellschaftsglied verwandeln, so bald die wild emporstrebende Kraft durch eine gleiche gezügelt und geleitet wird.

Die vorübergehende Grobheit hingegen ist größtentheils in einer Schwäche des Geistes oder des Charakters gegründet; sie setzt eine kränkliche Empfindlichkeit voraus, und wirkt um so unangenehmer auf den geselligen Zirkel, je mehr sie die freie Aeußerung der Individuen hemmt, und diesen eine gewisse drückende Behutsamkeit aufnöthigt. Noch nachtheiliger aber wird ihre Wirkung, wenn sie absichtlich erscheint, und auf einmal den friedlichen Gesellschaftskreiß in einen Kampfplatz verwandelt.

Nach diesen Aeußerungen und Bestimmungen wird nun Jedermann glauben: Höflichkeit und Grobheit müßten sehr leicht und untruglich in allen Fällen zu unterscheiden seyn; allein es giebt doch auch Fälle, wo die Grobheit den feinen Schleier der Höflichkeit entlehnt und ganz wie diese aussieht, so daß nur ein sehr feiner Sinn beide unterscheidet. Der Schmeichelei z. B. bedient sich in der Regel Niemand, um dem andern ein unangenehmes Gefühl zu erwecken, vielmehr will er den Geschmeichelten recht bestärken in dem Gefühle seiner eigenen Vollkommenheit und Ueberlegenheit über Andere; und doch spricht man of von grober Schmeichelei. Worinnen besteht denn nun eigentlich die Grobheit in der Schmeichelei? Offenbar in der durch die letzte zu deutlich an den Tag gelegten geringen Meinung, welche man von dem Verstande des Geschmeichelten hegt. Man setzt nämlich voraus, es fehle dem Letztern an Scharfsicht die Wahrheit zu durchschauen und an Selbsterkenntniß, erworben durch Prüfung eigener

Kraft und Umgang mit geistreichen Menschen; dabei nimmt man an, er sei Egoist, und kenne den Zweck des geselligen Verkehrs nicht, weil es ihm Freude mache, statt mit Andern sein Individuum zu verschmelzen, sich erst recht in dieses hineinzuspinnen. Höflich aber und artig ist die Schmeichelei, wenn jene geringe Meinung von dem Verstande oder Charakter des andern nicht so klar hervortritt, daß Andere sie bemerken können, und die Aeußerungen des Schmeichlers kaum zu unterscheiden sind von denen einer wahren Achtung und Verehrung. Offenbar grob ist es z. B. wenn man einer auffallend häßlichen Person von dem Eindrucke vorredet, den ihre Reitze hervorzubringen im Stande seyen. Jedermann muß dieses sogleich für Spott halten, wenn auch gerade nicht die Betrogene selbst es dafür hält. Derselbe Fall ist da, wenn man einen anerkannt schlechten Dichter wegen seiner trefflichen Verse lobt, u. s. w. Eine feine Schmeichelei aber ist es, wenn man jemanden — sei es auch ein schlechter Schriftsteller — wegen unbedeutender Fehler streng und ernst tadelt, und ihm dafür zuletzt ein ungeheures Lob spendet. Hier wird die Maske der Gerechtigkeit der Schmeichelei auch für fremden Augen, welche nicht im Stande sind selbst zu prüfen, das Gehässige und für den Geschmeichelten Entehrende benehmen.

So wie es aber grobe Schmeicheleien giebt, so giebt es auch artige Grobheiten. Dieses nämlich sind Aeußerungen, welche in den meisten Fällen und also in der Regel für Grobheiten gehalten werden müssen, in einem einzelnen Falle aber und unter gewissen Umständen ganz diesen Charakter verlieren, ja zum Gegentheile werden. So wird es z. B. mit Recht für grob gehalten werden müssen, wenn sich Jemand, der bei einem Bekannten zu Tisch gebeten wird, bestellen wollte, welche Gerichte er zu genießen und welchen Wein er zu trinken wünschte; oder wenn Jemand uneingeladen in einer Gesellschaft erscheinen wollte. Wenn du indessen im ersten Falle von deinem Bekannten voraussetzen darfst oder mußt, daß er dir gern jede nur erdenkliche Freude machen möchte, und daß ihm nichts angenehmer seyn werde, als wenn du ihm einmal Gelegenheit gebest, dir einen Lieblingswunsch auf eine ihm nicht allzuschwere Art zu erfüllen, so ehrst du ihn durch jene Bestellung oder jenes Begehren mit einem außerordentlichen Vertrauen auf seine Freundschaft und Liebe gegen dich; und dieß muß ihm um so erfreulicher seyn, je ungewöhnlicher ein solcher Fall und je größer seine Meinung von deinem moralischen Charakter und dem Grade deiner Bildung ist; im andern Falle, wo das unaufgeforderte Erscheinen in einer Gesellschaft eine Artigkeit seyn soll, muß vorausgesetzt werden können, daß der Grund der nicht erfolgten Einladung liege in einer zu hohen Meinung von dem Individuum des nicht Geladenen in Beziehung auf die Gesellschaft, also in einer diesem dadurch bewiesenen Achtung, welche nun durch jenes Erscheinen ehrend vergolten wird. So erschien einst der als Mensch so liebenswürdige Joseph II: unerwartet in der Gesellschaft eines seiner Beamten, den er sehr liebte und achtete, als dieser eben mit seinen Freunden seinen Geburtstag feierte, und erwies ihm dadurch die größte Artigkeit.

Dergleichen artige Grobheiten sind nun ein außerordentlicher Reitz des geselligen Umgangs, theils weil sie nur aus einem höchst gebildeten Gemüthe und der edelsten Denkart hervorgehen können, theils weil diese Form des Benehmens durch den scheinbaren Widerspruch die Phantasie und den Verstand angenehm reitzt und unterhält. So giebt es auch Scherze dieser Art, welche wie Grobheiten aussehen, und deßhalb äußerst pikant und ergötzend sind. Nur muß derjenige, welcher sich dieselben erlaubt, weil er hier gleichsam auf eine feine Grenzlinie tritt, die nicht um ein Haar überschritten werden darf, wenn nicht gerade das Gegentheil von dem erfolgen soll, was man beabsichtigt, die feinste Bildung, oder doch wenigstens den zartesten

Sinn für das zu Viel oder zu Wenig haben, und dabei in der Aeußerung seiner Gedanken viel Gewandtheit besitzen. So kann man Jemanden mit scheinbarem Ernste Vorwürfe machen wegen seines Geitzes und seiner Habsucht, allein dieser muß dann allgemein als uneigennützig und wohlthätig bekannt seyn, und die Handlung selbst, welche aus Habsucht herzurühren scheint, muß aus der edelsten Quelle unläugbar herfließen. So lange dieses noch zweifelhaft oder nicht von allen Gesellschaftsgliedern anerkannt ist, bleibt eine solche Aeußerung eine Grobheit, oder wenigstens unbesonnene Aeußerung.

Eine andere konventionelle Form des geselligen Betragens, oder vielmehr eine Modifikation der allgemeinen Form der Höflichkeit, ist auch die Urbanität.

Urbanität ist verschieden von Höflichkeit und Artigkeit. Der Ursprung des Wortes scheint am ersten und sichersten zur richtigen Bestimmung des Begriffes zu leiten. Das Wort kommt nämlich her von Urbs (die Stadt), worunter man bekanntlich zur Zeit, wo dieses Wort gebildet wurde, ausschließend Rom verstand, welches damals auch wirklich die Hauptstadt der civilisirten Welt war, und wie Paris in der neuern Zeit betrachtet werden kann. Da nun aber in jenen Zeiten in Rom kein Hof sich befand, sondern eine republikanische Verfassung die Hoheit der ersten Staatswürde unter mehrere vertheilte, und sie nicht für das ausschließende Eigenthum eines einzigen erklärte, vielmehr die Hoffnung diese höchste Stufe der bürgerlichen Ehre zu erreichen, allen Bürgern zusicherte, so konnte auch kein Einziger der Mittelpunkt seyn, um den sich alle Uebrige bewegten, folglich auch nicht das Vergessen seiner Selbst um eines fremden Individuums willen (die eigentliche Höflichkeit) dasjenige Betragen seyn, welches am meisten gefiel, weil die Gesellschaft immer der Spiegel der bürgerlichen Verfassung eines Staates ist. Der freiere Republikaner beugte sich nur vor sich selbst in

Anderm; oder vor der Idee des Ganzen, dessen lebendes Glied er sich als Individuum fühlte; daher sprach sich in seinen Sitten auch eine größere Freiheit, eine gewisse Offenheit und Furchtlosigkeit, eine Art männlichen Stolzes aus, welcher sich nicht leicht findet unter den Bewohnern monarchischer, oder gar despotischer Staaten. Diese hätte aber leicht in Frechheit, Ungebundenheit und unangenehm wirkende Härte ausarten können, hätte man ihr nicht durch die in den Gesetzen der Gesellschaft aufgestellte Idee eines reinern Ideales der Menschheit, einer höhern, mildernden Bildung, wohlthätige Schranken gesetzt; so entstand das Gesetz der Urbanität für den freien Römer, wenn er die Freuden geselliger Vereinigung genießen wollte.

Urbanität ist also dasjenige Betragen in der Gesellschaft, wodurch man nur Alles in seinen Aeußerungen zu vermeiden sucht, was den feiner gebildeten Geschmack verletzen, oder dem Sinne für die schönere Form der Menschheit widrig seyn müßte; sie ist daher minder beschränkend als die Höflichkeit. Ihr entgegen steht die Rusticität, welche also eine rauhe, den Schönheitssinn wenig schonende Art, sein Inneres in der Gesellschaft darzulegen, bezeichnet.

Ein urbaner Mensch wird vieles zu thun und zu äußern wagen, was ein bloß höflicher nicht wagt, allein er wird es auf eine Weise thun, welche auch diesen versöhnt, oder wohl gar gewinnt. So wird z. B. der Urbane Jemanden eine ihm vielleicht nicht ganz angenehme Wahrheit zu sagen kein Bedenken finden, allein indem er dieß thut, und in der Form seiner Aeußerung, wird er eine gewisse Achtung gegen den Andern, und eine aus dieser hervorgehende Feinheit durchscheinen lassen, welche der Aeußerung selbst das Kränkende oder übel Auffallende gänzlich benimmt. Man sieht leicht, daß Urbanität noch über Höflichkeit geht, einmal weil die erstere eine größere Freiheit der Bewegung des individuellen Lebens, ein stärkeres Hervortreten des eigenthümlichen Charakters jedes Gesellschaftsgliedes gestattet, als die letztere, und dann, weil sie sich nicht wohl wie diese erlernen läßt, sondern eine innere Bildung des Menschen zur Humanität und Sittlichkeit voraussetzt.

Sonderbarer Weise drücken die Laute, woraus die Worte urban und höflich bestehen, schon an sich etwas demjenigen Analoges aus, was in den Begriffen liegt. Eine größere Festigkeit, einen männlichern Charakter hört man gleichsam in dem Worte urban vortönen, da hingegen das Wort höflich mehr Weichheit, Biegsamkeit und Zartheit im Schalle selbst anzudeuten scheint.

So wie ächte Urbanität nur im Charakter freier Völker sich findet, so ist sie auch bei den Individuen immer das Merkmal gebildeter Genialität. In denjenigen Verhältnissen, wo Wahrheit und Freimüthigkeit unerlaßliche Forderungen sind, und der schöne

Schein allein nicht hinreicht, um die Forderungen der Vernunft zu befriedigen, kann gleichfalls nur Urbanität, aber keine Höflichkeit, Statt finden; daher kann man von einer Recension z. B. wohl sagen, sie ist urban, oder von einer Streitschrift: es herrscht ein urbaner Ton darinnen, keinesweges aber: der Recensent oder Autor ist sehr höflich gewesen.

Zu den allgemeinen konventionellen Formen des geselligen Betragens müssen auch noch gerechnet werden die Sprachwendungen, welche Höflichkeitsäußerungen enthalten. Diese sind nun äußerst verschieden nach dem Genius der Sprachen selbst. Die alten Sprachen enthalten gar keine solchen Wendungen; die modernen hingegen sind reich daran. Indessen halte man dieses nicht etwa für einen großen Vorzug, vielmehr deutet es auf eine gewisse Schwäche des Charakters, eine kränkliche Reitzbarkeit und Empfindlichkeit nämlich, welche keine freie, kühne Aeußerung eines fremden selbstständigen Daseyns vertragen kann. Wer nur einigermaßen Sinn für das Passende und Schickliche hat und den Geist des edlen Alterthums kennt, würde sogleich lachen, wenn Jemand von Herrn Cicero, Herrn Horaz, oder von Frau Portia, Cornelia u. dergl. reden wollte. Dieser in den modernen Sprachen eine Höflichkeit enthaltende Zusatz zu dem Namen wird in den alten eine Beleidigung und Herabsetzung. Dasselbe ist der Fall, wenn man die Titel Herr und Madame oder Frau vor Namen von Menschen der neuern Zeit setzt, welche schon an sich eine Zierde sind. Wer wird von Herrn Schiller, Herrn Göthe, Herrn Herder, Herrn Wieland sprechen? Solche Menschen sind zu groß für die kleinlichen Formen der gewöhnlichen Gesellschaft, und man muß voraussetzen, daß sie nicht gern an Verhältnisse erinnert seyn wollen, die einzig und allein ihren Grund in einer nicht ehrenden Seite des menschlichen Charakters haben. Nehmen dergleichen große Menschen, welche keiner äußern Ehre auch nicht einmal vor den Augen der bürgerlichen Welt bedürfen, dennoch jenen Titel gütig auf, so ist es Herablassung von ihrer Seite, und man kann diese nur da voraussetzen, wo sie mit Leuten zusammen treffen, welche für ihren eigentlichen Werth keinen Sinn haben, oder wo der ihnen von der Gesellschaft gegebene Titel ihre Größe schonend verbirgt, und die Andern mit dem Scheine der Gleichheit täuscht.

Unter die höflichen Sprachwendungen der modernen Welt gehört auch die manchen Sprachen eigene Art, eine einzige Person so anzureden, als ob es ihrer viele wären; so sagt der Deutsche: Sie haben Recht; der Franzose: vous aves raison; der Engländer: you are in the right; nur der Italiener nähert sich seinen Vorfahren dadurch, daß er in der dritten Person des Singular spricht, und sein Lei statt unseres Sie braucht. Offenbar gründet sich diese Sprachwendung auf die in unsern monarchischen Staaten vorherrschende Subordination, wo über dem Beamten der Bürger meistens ganz vergessen wird. Die Höflichkeit beruht bei dieser Wendung darauf, daß man von dem Angeredeten annimmt, er sei von einem Stande, wo das Individuum gleichsam mehrere geringere Individua aufwiege oder unter sich haben könne. Die Titelsucht ist gewiß kein ehrender Zug der Menschheit, und in so fern dem Fortschreiten ihrer Bildung hinderlich, als dadurch der Blick mehr auf das Außerwesentliche, Zufällige des Menschen gelenkt wird, als auf die durch seine Thaten erworbene Würde und Hoheit. Unsere titelsüchtigen Zeitgenossen kommen einem immer vor wie Kinder, welche in ihren Spielen Erwachsene vorstellen, und in einem erheuchelten Selbstgefühle ihre Wonne finden. Welcher Thaten sind solche Menschen fähig! was ist ihnen die Nachwelt und die hohe Vorzeit? Ein Wörtchen mehr zu ihrem Namen gesetzt, tröstet sie für die strafenden

Stimmen, welche aus der Vergangenheit schauerlich herüber tönen.

Wie wenig auch die höchste Würde bloß als solche den höheren Menschen ehre, zeigte durch sein Beispiel unter andern auch der große König von Preußen, Friedrich II. Er sahe es gern, wenn auf den an ihn gerichteten Briefen bloß die Aufschrift stand: Au Roi à Berlin. Die Majestät trug er im Busen, und fühlte wohl, daß sie ihm kein Mensch streitig machen könne. *)

In der Mitte zwischen den allgemeinen, konventionellen oder fixirten Formen des geselligen Betragens und den

*) Zum Ueberfluß will der Verfasser hier anmerken, daß man ihm diese Aeußerungen nicht als Beweis seiner Verachtung der bürgerlichen Verfassungen auslege. Rangunterschiede sind nothwendig in unsern Staaten, allein deßhalb ist die Sache selbst nichts an sich Gutes oder Schönes. Man braucht jetzt noch Vieles, was man einst nicht mehr brauchen wird. Das Kind wird zum Manne. Alles wahrhaft Nothwendige ist achtungswürdig.

willkührlichen oder freien, steht gewissermaßen die Galanterie.

Galanterie ist nicht Liebe. Man kann galant seyn und nicht verliebt, so wie verliebt und nicht galant. Auch der Wilde breitet seiner Geliebten die weichsten Felle, die er auf der Jagd erbeutet, zum Sitz aus, auch er bricht ihr die süßesten Früchte von den Bäumen, oder trägt sie mit Wollust auf seinen Schultern, wenn der rauhe Pfad den zärtern Fuß zu verletzen droht, darum aber ist er nicht galant, vielmehr behandelt er das Weib im Ganzen mit entschiedener Verachtung. Die Galanterie ist eigentlich nur gebildeten Nationen eigen; sie besteht nämlich in einem solchen Benehmen des Mannes gegen das Weib im geselligen Umgange, wodurch dieses, bloß als solches, einer gewissen Auszeichnung, eines Vorranges von dem männlichen Geschlechte genießt, der sich nicht auf persönliche Eigenschaften gründet.

Wer galant seyn will, darf unter den Individuen des andern Geschlechts keinen Unterschied machen, er muß alle mit gleicher Höflichkeit oder Auszeichnung behandeln, denn so bald er dem einen offenbar mehr huldigt als dem andern, so fällt das wesentlichste Unterscheidungszeichen der Galanterie weg, und man schließt auf eine besondere Vorliebe für die Person, es mag sich diese nun auf geistige oder körperliche Vorzüge gründen. Wir haben die Galanterie deßhalb auch eine konventionelle Form des geselligen Betragens genannt; jedoch mit der Einschränkung, daß sie nicht als rein oder allein konventionell betrachtet werde, weil der Grund derselben eigentlich in der Natur des gebildeten Menschen zu liegen scheint, der gern dem Schönen in der Geister- und Körperwelt mit ausgezeichneter Ehrerbietung sich nahet, gern ihm eine Art huldigender Verehrung beweist, zumal da dieses gewöhnlich, seiner Natur halber, zugleich seines Schutzes, seiner Kraft bedarf, weil es das Schwächere ist.

Wenn nun gleich die Galanterie bloß dem Geschlechte erwiesen wird, so ist doch nicht jeder, der gegen das Geschlecht eine vorzügliche Neigung äußert, und im Umgange mit den Frauen ein besonderes Vergnügen sucht, eigentlich galant zu nennen. Er sollte vielmehr liebend oder verliebt heißen, wie denn auch die deutsche Sprache dieses Wort gerade dafür braucht. Der galante Mann handelt nicht aus Neigung, sondern um dem Gesetze des geselligen Lebens nachzukommen, das ihm unverletzlich ist; die Form ist ihm Alles, seine Tugend ist nicht aus Temperament entsprungen, sondern eine Folge der Unterwürfigkeit, der Reflexion und Gewöhnung; sie ist eine Tugend des Kopfes, welche, wenn sie sich mit der Neigung gattet, erst interessant und vorzüglich liebenswürdig wird. Genialische Männer, Männer von vorzüglicher Kraft und Energie sind daher selten eigentlich galant. Eben diese Kraft nämlich macht es ihnen schwer ohne innere Neigung zu handeln, ihre eigene Natur zu besiegen und Ehrerbietung zu heucheln, wo sie nicht durch etwas Reelles dazu aufgefordert werden; dafür aber sind es schwächliche Männer immer im höchsten Grade, weil sie gern dem schönen Geschlechte gefallen möchten, und dieß durch persönliche Vorzüge nicht erreichen können. Junge Frauen, und solche, welche durch ihre Reitze noch Eindruck machen zu können glauben, lieben daher bei den Männern vielleicht weniger die eigentliche Galanterie als die innere Neigung zum gesitteten Umgange mit dem andern Geschlechte. Die Huldigungen, welche ihnen ein Mann erweist, müssen den Anschein haben, als gründeten sie sich auf persönliche Vorzüge, als sei er verliebt, oder könne doch durch sie dazu bestimmt werden. Die alternden und ganz alten Frauen halten daher mit Recht auf ein galantes Betragen, weil sie ohne dieses die größte Annehmlichkeit der Gesellschaft verlieren würden; denn sind sie verständig und gebildet, so suchen sie noch immer den männlichen Umgang aus Geistesbedürfniß, und zum Theil vielleicht durch angenehme Erinnerungen veranlaßt, und dann ist einige Nachhülfe und Unterstützung durch das Gesetz der Galanterie, von ihrer Seite gar nicht zu verschmähen; sind sie aber ungebildet und ohne geistige Annehmlichkeit, dann muß eben dieses Gesetz Alles für sie thun. Man kann daher dem Manne, glaub' ich, der ein ausgezeichnetes Glück unter dem weiblichen Theile der Gesellschaft machen will, keine bessere Regel geben, als die: Zeige dich gegen junge Frauen, und diejenigen, die man noch, ohne sie lächerlich zu machen, als solche behandeln kann, verliebt, oder doch so, daß sie glauben, du könntest es werden, gegen alte aber galant, bloß galant.

Durch das erstere Benehmen, wodurch nur eine vorzügliche Liebe zum Schönen, Reitzenden, Angenehmen ausgedrückt wird, darf sich auch das züchtigste, tugendhafteste Weib nicht entehrt fühlen, denn weibliche Schönheit und Anmuth soll Liebe erregen, und es kann nirgends Sünde seyn zu zeigen, daß sie diese wirklich erregt. Es versteht sich übrigens von selbst, daß der Mann, besonders wenn mehrere Frauen zugegen sind, immer bedenken müsse: er sei jetzt in Gesellschaft, und habe die Verpflichtung auf sich, nichts zu thun, wodurch er sich und ein anderes Mitglied dem geselligen Kreiße entzieht, oder eine freie Unterhaltung Aller mit Allen unmöglich macht. Dieses aber würde geschehen, wenn er einer Dame vorzüglich den Hof machen wollte; nicht zu gedenken, daß er dadurch den Saamen der Eifersucht ausstreut, der oft im Augenblick aufgeht und schreckliche Früchte trägt.

Eine auffallende Erscheinung ist aber diese, daß die gebildeten Völker des Alterthums die Galanterie gar nicht so kannten wie die modernen. Ohne uns hier in weitführende Untersuchungen darüber einzulassen, bemerken wir bloß, daß uns eine Hauptursache dieser Erscheinung in dem vorzüglich genialischen Wesen, der höhern geistigen und physischen Kraft jener Völker, so wie in ihrem freiern Leben in und mit der Natur, nicht minder auch in ihren mehr demokratischen Staatsverfassungen zu liegen scheint; Ursachen, welche, außer dieser Erscheinung, auch noch ihre besonders ausgezeichnete Liebe für die Kunst und das Ideale erklären. Die Religion muß freilich unter jenen Ursachen auch mit beachtet werden, denn da man sich, wiewohl aus Mißverstand der eigentlichen Tendenz des Christenthums, vieles für unerlaubt hielt, wozu die Natur offenbar berechtigt, ja am Ende in einem der Entsagung gänzlich geweihten Leben eine Art von Verdienst und eine höhere menschliche Würde suchte: so traten nun Freuden der Einbildungskraft und erkünstelte Verhältnisse an die Stelle der natürlichen, und was man sonst in liebender Vereinigung umfaßt hatte, wurde mit einer Art von Bann umgeben. Ob die Menschheit dadurch gewonnen oder verloren habe, ist hier nicht der Ort zu untersuchen, genug wir glauben nicht zu irren, wenn wir auch hierinnen eine mitwirkende Ursache unserer Ansicht des Geschlechtsverhältnisses finden.

Wie sehr aber die Staatsverfassung auf die Galanterie wirke, und diese entweder begünstige oder hindere, sehen wir deutlich an zwei Völkern der gegenwärtigen Zeit, den Franzosen und Engländern. Die reinmonarchische Staatsverfassung, welche die erstern von Anfang an vorgezogen haben, begünstigte in Verbindung mit ihren Naturanlagen die Galanterie in dem Grade, daß die französische Nation bald als ein Muster in derselben für alle Zeiten und Völker aufgestellt wurde; da hingegen die Engländer alles Andere eher sind als eigentlich galant. Wo Gehorsam und Unterwürfigkeit unter die Befehle eines Einzigen und Enthaltung von aller Einmischung in die Angelegenheiten des Staats die Haupttugend des Bürgers ist, da gedeihen auch die Tugenden besser, welche der kleinere Staat der Geselligkeit als solcher fordern muß.

Uebrigens bemerken wir noch: daß wohl der Mann galant seyn kann und soll, nicht aber das Weib, denn bei diesem bekommt jenes Beiwort sogleich eine ganz andere Bedeutung, und wir zweifeln, ob ein verständiger Mann eine so genannte galante Frau zur Gattin wählen möchte. Ueberhaupt fordert man von dem Weibe mehr Beherrschung seiner Selbst in Allem was sich auf Liebe und Geschlechtsneigung bezieht, eben weil der Naturtrieb bei ihm stärker ist als bei dem Manne, und es daher leichter in Gefahr kommt, von ihm gänzlich unterjocht zu werden, und seine höhere menschliche Würde dadurch zu verlieren.

Von den konventionellen oder fixirten Formen des geselligen Betragens wird uns der Uebergang leicht zu den willkührlichen und freien; wiewohl wir von den erstern bloß der allgemeinen gedacht und ausführlicher davon gehandelt haben. Die besondern nämlich, oder diejenigen, welche unter einzelnen

Völkern, unter gewissen Klassen und Ständen der Menschen gewöhnlich sind, und auf Nationalsitten und Eigenheiten sich gründen, lassen sich in einer allgemeinen Ansicht dieses Gegenstandes, die nicht zugleich historisch ist, ohnmöglich erschöpfend behandeln.

So wie sich die Einführung konventioneller Formen des geselligen Betragens auf die Voraussetzung gründet, daß nicht jedes in die Gesellschaft tretende Individuum sich von selbst und aus freier Wahl so benehmen werde, daß der alleinige Zweck des geselligen Umgangs — Genuß der edlern Menschheit durch Mittheilung von Gedanken und Gefühlen — sicher erreicht werden könne, indem nicht selten Rohheit und Mangel an Geisteskultur auf der einen, so wie freche Anmaßung und Unterdrückungssucht auf der andern die Freuden der Geselligkeiten zu stören pflegen; so gründen sich die freien und willkührlichen Formen des geselligen Betragens auf die Voraussetzung der edelsten Natur einer rein ausgebildeten Menschheit, und der absoluten Unmöglichkeit einer Störung des durch den Umgang und die Gesellschaft beabsichtigten Genusses. Nur wer die Norm aller Gesetze in sich trägt, und derselben immer gemäß handelt, der Weise, darf sich nicht um die einzelnen Gesetze bekümmern, weil er diese erfüllt ehe sie gegeben werden.

Freie oder willkührliche Formen des geselligen Betragens sind nämlich solche, welche das Individuum jedesmal selbst für seine Aeußerung in der Gesellschaft wählt, ohne sich dabei einer äußern, fremden Vorschrift bewußt zu werden. Aus dem Begriffe selbst geht hervor, daß sie sich nicht im einzelnen bestimmen oder aufzählen lassen. Sie müssen aber durchaus so beschaffen seyn, daß dadurch der Zweck der Geselligkeit nicht nur nicht gestört, sondern befördert werde. Wahre Liebe, und Achtung gegen die Menschen, und der feinste Sinn für das, was nicht nur die gebildete Menschheit überhaupt für Heilig und Unverletzlich hält, sondern was der jedesmaligen Gesellschaft, in welche man tritt, angemessen und würdig ist, sind die nothwendigen Erfordernisse bei jedem, dem man erlauben soll, sich selbst eine Form für sein Betragen in der Gesellschaft zu wählen. Dabei ist jedoch nicht zu übersehen, daß, wenn man eine von dem Konventionellen abweichende äußere Form des Betragens durch bewußte Wahl annimmt, man fast nie sicher seyn kann, dadurch Glück zu machen, und nicht die Grenzen zu überschreiten, wo diese freie Form nicht mehr mit dem Zwecke der Geselligkeit sich verträgt, wo man also durchaus zum Konventionellen zurückkehren muß. Ein Beispiel erläutert vielleicht das Gesagte hinreichend. Gesetzt man wollte sich von der in Obigen genauer bestimmten Form der Höflichkeit, der Galanterie u. s. w. loszählen, und dafür die einer naiven Offenheit, Treuherzigkeit und rücksichtslosen Wahrheitsliebe annehmen, so würde man die allergrößte Achtsamkeit auf sich selbst und auch auf die Andern anwenden müssen, um nicht grob, beleidigend, anmaßend und herrschsüchtig zu **erscheinen**, und dadurch dem Zwecke der Gesellschaft geradezu entgegen zu wirken. Man macht leider nur zu oft die Erfahrung, wie unangenehm und störend solche Menschen werden, welche in freien willkührlichen Formen sich bewegen wollen, und nicht die feinste Geistesbildung, die vollkommenste Herzensgüte und das zarteste Gefühl für das Schickliche besitzen. Personen von hohen Range müssen bei der Wahl freier und willkührlicher Formen für ihr geselliges Betragen am vorsichtigsten verfahren; denn da gerade ihr Rang und Stand außer der Gesellschaft sie von andern trennt und isolirt, so müssen sie Alles anwenden, diese Trennung in der Gesellschaft aufzuheben, und ihre Vorrechte vergessen zu machen, weil auf dem Bewußtseyn der Gleichheit aller Gesellschaftsglieder die Möglichkeit der Erreichung des Zweckes der Gesellschaft allein beruht, und das können sie nicht leichter bewirken als dadurch, daß sie sich den konventionellen Formen des geselligen Betragens auf das treueste anschließen, und dadurch beweisen, daß sie vor Keinem Etwas hier voraus haben wollen.

Diese freien und willkührlichen Formen der Geselligkeit müssen eigentlich unwillkührlich angenommen werden, oder doch so erscheinen, d. h., sie müssen als die innere Form einer großen, edlen, schönen Natur sich zeigen, einer Natur, welche durch ein ideales Streben gebildet, und erfüllt mit Ideen und Gefühlen, welche sich auf die höhere Welt beziehen, für die sie lebt und wirkt, den beengenden Schranken der Konvenienz sich durch ihre eigene Stärke entreiße. Einer solchen Natur, wie sich z. B. in dem ächten Künstler, und andern Menschen offenbart, welche für die höchsten Zwecke der Menschheit in ungewöhnlichen Verhältnissen thätig sind, wie Regenten ganzer Völker, Feldherrn und große Staatsmänner, verzeiht man nicht nur ihr Nichtachten der Konvenienz, sondern findet es wohl zuweilen gar schön, d. h., dem Zwecke der Gesellschaft beförderlich; indem gerade die freie Erscheinung eines solchen Geistes für kleinere Menschen Etwas Erhebendes und Stärkendes zu haben pflegt, und die Gesellschaft ehrt, der er sich in seiner natürlichen Hoheit zeigt. Höflichkeit und Artigkeit verwandelt sich in dem guten und edlen Menschen, der eine ideale Richtung des Gemüths hat, immer in liebendes Zuvorkommen, und den Ausdruck wahrer Hochachtung; statt galant zu seyn, zeigt er Verehrung, Bewunderung, oder herzliche Annäherung, und statt des Schwachen bloß zu schonen, erhebt er ihn durch seine Behandlung zu einem edlen Selbstgefühle, und mit diesem zu einem Genusse, der sich ihm durch Beobachtung der gewöhnlichen Konvenienz vielleicht nie würde dargeboten haben.

Verhältnisse der verschiedenen Lebensalter in der Gesellschaft. Wann wird der Mensch in der Regel fähig, die Freuden des Umgangs zu genießen? Grundsätze über die Einführung desselben in die geselligen Zirkel.

Obgleich die allgemeine Gleichheit aller Gesellschaftsglieder in Ansehung der gegenseitigen Ansprüche und Verbindlichkeiten die Basis ist, worauf die Gesellschaft selbst ruht, indem nur dadurch der höchstmögliche Genuß des Umgangs erreicht werden kann, daß hier einzig der Mensch dem Menschen gegenüber steht, und Alles wegfällt, was bürgerliche Verhältnisse ihm entweder genommen oder zugesetzt haben, so giebt es doch gewisse in der Natur selbst begründete Trennungen der Individuen oder solche Modifikationen des Verhältnisses der Einzelnen gegen einander, welche von der strengen Beobachtung des ursprünglichen Gleichheitsgesetzes eine Ausnahme zu erfordern scheinen. Ein solches

Verhältniß ist z. B. das, welches zwischen den beiden Geschlechtern im gegenseitigen Umgange Statt finden mußte, und wovon bereits geredet worden; ein solches ist aber auch dasjenige, welches zwischen den Individuen des geselligen Vereins durch die Verschiedenheit des Lebensalters begründet wird.

Die Frage, wie muß sich das Alter gegen die Jugend und die Jugend gegen das Alter benehmen, um die von der Gesellschaft zu erhaltenden Freuden nicht nur nicht zu stören, sondern vielmehr so viel wie möglich zu erhöhen? ist vielleicht eine der wichtigsten, welche im Laufe unserer Untersuchung zu beantworten seyn dürfte.

Man könnte freilich sagen: Sollte es nicht besser seyn, wenn man der Beantwortung dieser Frage dadurch ganz sich entzöge, daß man als Regel festsetzte: Verschiedene Lebensalter müssen sich in der Gesellschaft nicht vermischen, sondern jedes muß seine geselligen Kreise für sich selber bilden; so wird am besten die Verletzung des Gesetzes der allgemeinen Gleichheit vermieden werden; allein abgerechnet, daß eine solche Regel nur willkührlich seyn würde, indem sich die Lebensalter eben so wie die Geschlechter — wenn gleich nicht mit dieser Stärke und Naturgewalt — suchen und anziehen, so würde auch die Befolgung derselben in der Wirklichkeit ganz unmöglich seyn, und es ist unsere Absicht, hier solche Grundsätze und Ideen aufzustellen, welche ihre Wahrheit und Richtigkeit eben dadurch bewähren, daß sie sich in der Erfahrungswelt anwenden, und durch ihre Anwendung den durch sie beabsichtigten Zweck am sichersten erreichen lassen.

Die Aeußerung, daß die Lebensalter sich gegenseitig anziehen, wie die Geschlechter, dürfte vielleicht Manchen als ein Paradoxon vorkommen. Wie? sollte sich das Alter gern mit der Jugend, und die Jugend gern mit dem Alter beschäftigen? Hat nicht jedes seine eigene Lebensansicht, seine besondern Leiden und Freuden, seine eigenen Hoffnungen und Bestrebungen? Und lehrt nicht die Erfahrung, daß junge Leute sich nur selten im Umgange mit Alten gefallen? Dieses ist freilich an sich wahr und erwiesen, allein auch hier folgt die Natur ihrem ewigen Gesetze, das noch so sehr Geschiedene, dem Anschein nach ewig Getrennte, durch unbemerkte Bande zu verknüpfen und in das All zu verflechten, wo Nichts gesondert steht. Das Alter nämlich findet in der Erinnerung der eigenen Jugendjahre, dieses schönen Frühlings des Lebens, einen Genuß, der sehr viel zur Erhaltung seiner physischen und geistigen Kraft beiträgt; die Natur erhöht ihm denselben noch dadurch, daß sie ihm in der Erinnerung die reizenden und angenehmen Bilder jener Zeit mit solchen Farben darstellt, wodurch sie gewissermaßen wie verklärt erscheinen, und Etwas Zauberähnliches, Aetherisches, Himmlisches erhalten, die unangenehmen und minder erfreulichen Erscheinungen aus jener Zeit aber so verschleiert und in solcher Ferne zeigt, daß sie kein schmerzliches Gefühl mehr erwecken können. Diese dem Alter so unendlich theure Erinnerung an seine eigene Jugend nun führt es so gern in die Kreise der Jugend überhaupt, wo es das Schauspiel seines Lebens unter andern Formen wiederholt erblickt. Der Traum der entschwundenen Blüthenzeit wird ihm gleichsam lebendig, und der Greis sogar fühlt in diesem Augenblicke sein Blut wärmer durch die Adern fließen.

Aber die Jugend? Was kann diese an dem Alter reizendes suchen und erwarten, muß sie nicht die Gegenwart desselben in ihren lebenvollen Kreisen drückend und beschränkend finden? Es ist freilich wahr, nimmt man die Jugend wie sie leider gewöhnlich ist, nur nach sinnlichen Genuß strebend, nur die Befriedigung ihrer heftigen Naturtriebe verlangend, so wird sie freilich in der Gesellschaft des Alters sich nicht eben wohl befinden, allein dieses ist auch nicht die menschliche Jugend, die wir hier im Auge haben müssen. Diese nämlich wird zwar gern ihrer kraftvollen blühenden Natur sich erfreuen, allein sie wird doch in dieser Freude selbst ein gewisses Maß, eine Art von Zucht, von Sitte und Anstand wünschen. Die edlere Jungfrau wird nicht gern die Beute des ungestümen rohen Jünglings werden, der edlere Jüngling die Jungfrau nicht gern als Bachantin, zügellos sich jeder Lust ergebend, erblicken wollen, und beides könnte nur zu leicht der Fall seyn, wenn man die Alten aus den geselligen Kreisen der Jugend entfernen wollte. Ueberdieß wird der Jüngling, dessen Geist und Gemüth eine edlere Richtung bekommen oder der eine gute Erziehung — im ächten Sinne des Wortes — erhalten hat, gern zuweilen aus dem Schatze der Kenntniß und Erfahrung älterer Personen Etwas Nützliches zu gewinnen suchen, es wird ihm Freude machen, die Welt, welche er jetzt nur noch von wenigen Seiten kennt, durch den reichern Geist der Alten von mehrern ungeahneten sogar betrachten zu können, und sein Ich über seine Jahre erweitert zu fühlen. Er wird sich mit Freuden in künftige Lebenslagen versetzen, und Möglichkeiten berechnen, wie er selbst am sichersten und besten sein Ideal von Glück erreichen könne. Auch muß ihm die Betrachtung der Vergangenheit in dem Beispiele eines einzelnen Lebens von größerer Bedeutung seyn, als wenn er sie in allgemeinen Schilderungen anschaut, und seiner regen Phantasie wird dieß zugleich mannichfache Nahrung nnd Unterhaltung gewähren. So muß die Jugend allerdings wünschen, daß sich das Alter nicht ganz ihren geselligen Kreisen entziehe, so wie ohngefähr der gebildete Mann wünschen muß, daß das schöne Geschlecht Antheil nehme an allen Gesellschaften, wo er wahre Freude und Aufheiterung erwartet. Wie dort das Alter, erscheinen hier die Frauen als die Bewahrerinnen des Anstandes, der Zucht und Sitte. Die rohen Ausbrüche der Sinnlichkeit, welche nur zu oft Männergesellschaften entstellen, und sie einem gebildeten Geiste oft wirklich widrig machen, werden nun durch die Gegenwart derjenigen zurückgehalten, welche unsere Ansicht von der Natur zum Gegenstande einer feinern Verehrung macht; so wie auf der andern Seite die Unterhaltung an Mannichfaltigkeit unendlich gewinnen muß.

Indessen muß das Alter freilich, wenn es sich den geselligen Kreisen der Jugend anschließt, auch so sich benehmen, wie es seine Natur erfordert, d. h., wie wir im Vorhergehenden angedeutet haben, bloß als Zuschauer und Beförderer der geselligen Freude durch Bewahrung der Sitte und des Anstandes. Wenn man freilich nur zu oft bemerkt, daß ältere Personen, ihre Kräfte gänzlich verkennend, die Lust der Jugend gerade so theilen wollen, wie diese sie selbst genießt, so darf man sich nicht wundern, daß nun die Jugend eine Störung ihrer Freude durch Verachtung und Mißhandlung des an sich heiligen Alters zu rächen sucht. Die Gesellschaft ist nicht der Ort, wo man sich an Huldigungen ergötzen und laben soll, gesetzt diese könnten auch noch so rechtmäßig gefordert werden, sondern jeder will und soll hier genießen, dadurch daß er die allgemeine Mittheilung des in jedem Individuum wohnenden und nach freier Aeußerung strebenden Lebens zu befördern sucht; dadurch daß er giebt um zu empfangen.

Durch diese Ansicht von dem Verhältnisse des Alters zur Jugend in der Gesellschaft, glauben wir weder den begründeten Ansprüchen des erstern auf eine achtungsvolle Behandlung und zarte Verehrung von Seiten der letztern, noch den eben so gegründeten Hoffnungen der letztern von den in der Gesellschaft zu findendem Vergnügen, Abbruch gethan zu habeu. Jedes beachte seine Natur, das Maaß und die Richtung seiner Kraft, und die ihm dadurch angewiesene Bestimmung, und es wird Freude finden und geben, ohne daß man diese durch ein zwingendes äußeres Gesetz befördern zu wollen braucht. Man darf nämlich voraussetzen, daß die

Jugend bereits die erste zweckmäßige Bildung, eine edlere Richtung des Geistes und Gemüths durch vorbereitende Erziehung empfangen habe, ehe sie in die geselligen Kreise des Lebens tritt, und Ansprüche auf die Freuden des Umgangs im eigentlichen Sinne macht. Dieß führt uns natürlich zu Untersuchung der Frage: Wann darf der aufblühende Mensch in die Gesellschaft eingeführt werden? wann ist er im Stande daselbst, ohne einen Nachtheil zu erleiden, Vergnügen zu empfangen und zu verbreiten?

Man hört freilich oft die Aeußerung: daß der Mensch durch den Umgang und die Gesellschaft gebildet werden müsse, oder daß Alles, was man außer derselben für seine Bildung thue, ihm wenig nützen könne, wenn nicht die Schule der Gesellschaft sich mit der des Hauses oder der Familie verbinde, und diese durch jene unterstützt werde.

Es ist nicht zu läugnen, und wir haben es in der Einleitung zu dieser Schrift umständlicher erörtert: der Mensch ist für den Menschen bestimmt; er muß, wenn er seine Bestimmung erreichen will, in vielfachen Verbindungen mit andern leben. Die Gesellschaft wirkt dadurch, daß sich hier jedes Individuum, unter den allgemeinen Gesetzen des Umgangs frei und ohne Rücksicht auf zufällige Beschaffenheiten und Verhältnisse dieses oder jenes ihm fremden Individuums äußert, in ganz anderer Art auf den jungen Menschen, als die häusliche Erziehung. Hier erscheint ihm die menschliche Natur größtentheils nur von einer achtungs- und liebenswürdigen Seite, man sucht Alles von ihm zu entfernen was unedle Leidenschaften und Empfindungen in seinem Gemüthe erwecken, oder ihn klein von der Menschheit überhaupt denken lehren könnte, wohl wissend, daß der Mensch immer so selbst wird, wie das Ideal ist, welches ihm von seiner Gattung vorschwebt. Dadurch aber werden viele Kräfte in ihm nicht aufgeregt, viele Fertigkeiten nicht erzeugt, dem Geiste mancherlei Richtungen nicht gegeben, welcher der Mensch im Laufe des Lebens doch so oft bedarf; er lernet nicht allein stehen, sich durch eigne Kraft behaupten, und eine geschickte und schnelle Anwendung von dem machen, was er sich angeeignet oder von der Natur selbst empfangen hat.

In der Gesellschaft ist dieß Alles anders. Hier tritt die Menschheit in tausenderlei kaum geahneten Modifikationen vor ihm; er selbst wird von Andern als ein freies, selbständiges Wesen behandelt. Nicht alle Menschen nehmen hier auf seine Jugend, sein weiches, jedem Eindruck offenes Gemüth Rücksicht; sie entschleiern oft unter einer liebenswürdigen Außenseite ein verabscheuungswerthes Innere, ja Laster werden nicht selten als Tugenden verkleidet; er muß nun, um sich und sein edleres Selbst zu bewahren, eine Art von Kampf bestehen; muß bald zum kühnen Gegenstreben, bald zu List und Verstellung seine Zuflucht nehmen, und den wirklichen Gegner als einen scheinbaren

Freund behandeln; er muß die Beobachtung der Höflichkeit, des Anstandes, und mancher andern konventionellen Gesetze der Gesellschaft mit der Treue gegen die ewigen Regeln des Wahren, Guten und Schönen, welche durch eine gute Erziehung in seiner Seele tief gewurzelt sind, in eine Art von Einklang zu bringen suchen — dieß Alles und noch unendlich mehr, was sich nicht im Allgemeinen bestimmen läßt, wird nothwendig seine Geisteskraft auf eine so mannichfache, und wirklich einzige Art zur Thätigkeit anregen, daß ein vielfacher Nutzen für seine innere Bildung daraus wohl hervorgehen kann. Indessen ist es doch größtentheils nur der Geist, der hier derselben theilhaftig wird, das Herz oder Gemüth wird meistens leer ausgehen. Ja man kann behaupten, daß dieses oft wirklich leide, indeß jener gewinnt; und doch gehört es eben so zum ganzen Menschen wie dieser, denn wer keiner großen, schönen, zarten, tiefen Empfindungen fähig ist, wird, er besitze einen noch so reichen, gewandten, kräftigen und vielseitig gebildeten Geist, niemals den Gipfel menschlicher Vollkommenheit erreichen, ja nicht einmal in einer wahrhaft edlen Gesellschaft liebenswürdig erscheinen.

Daraus würde denn die Regel folgen: Man führe den jungen Menschen nicht eher in die Kreiße der Gesellschaft ein, als bis in seinem Gemüth die innigste Liebe zum Wahren, Schönen und Guten oder zum Ideale veredelter Menschheit entwickelt und dergestalt befestigt ist, daß die sinnliche Erscheinung des Gegenbildes dasselbe nicht leicht zu trüben oder zu verlöschen vermag. Wollte man einen Zeitpunkt angeben, wo dieses bei einer zweckmäßigen Erziehung bewirkt seyn müßte, so könnte man vielleicht das vierzehnte oder funfzehnte Jahr im Allgemeinen bestimmen. In diesem Alter nämlich ist es noch nicht zu spät, von der Gesellschaft die nothwendige Geistesbildung für den Menschen zu erwarten, denn er ist hier noch empfänglich genug für jeden auch den leisesten Eindruck von Außen; er hat, im Fall seine frühere Erziehung einseitig und pedantisch, drückend und beengend war, noch nicht in der ihm aufgedrungenen unnatürlichen Form erstarren, und, im Fall sie zu nachlässig, unbestimmt und vag war, noch nicht eine gegen allen wohlthätigen Zwang des Anstandes und der Sitte sich empörende Wildheit und Frechheit erhalten können.

Es giebt indessen freilich auch gesellige Zirkel, woran wohl früher noch der junge Mensch ohne Gefahr, ja sogar mit Nutzen Antheil nehmen kann. Dieses sind die geselligen Vereinigungen der Freunde des Hauses, in dem der Mensch erzogen wird. Diese nämlich können gewissermaßen mit zum Hause selbst gerechnet werden — und sind unter dem allgemeinen Ausdrucke: Gesellschaft nicht mitverstanden; denn der Hausvater oder derjenige, welcher die Erziehung besorgt, kann hier unter seinen Bekannten diejenigen auswählen, deren Natur und Bildung ihn für den Umgang mit der Jugend passend zu seyn scheint. Er kann, da es Freunde sind, voraussetzen, daß sie in ihrem geselligen Benehmen, in den Aeußerungen ihres Geistes und Gemüths, Rücksicht nehmen werden auf das, was sie der gegenwärtigen Jugend schuldig sind, und sie, insofern sie es vielleicht vergessen sollten, auf eine artige Weise darauf aufmerksam machen. Ist der Vater und der Erzieher, oder die Mutter und die Erzieherin nicht in einer Person vereinigt, so muß es den letztern erlaubt seyn, die ihrer Leitung vertrauten Zöglinge nur an denjenigen Zusammenkünften der Freunde des Hauses Antheil nehmen zu lassen, welche sie für unschädlich oder bildend für ihre Zöglinge halten, und es dürfen die Eltern darinnen keine Beleidigung ihrer selbst wegen der Wahl ihrer Gesellschaft, und keine Zurücksetzung und Verachtung der Freunde finden.

Freilich wird in dem letztern Falle, wo nämlich eigentlich Kinder mit in den geselligen Zirkeln des Hauses erscheinen, auf ihrer Seite die Gesellschaft mehr als ein Schauspiel zu betrachten seyn, bei dem sie sich als Zuschauer eingefunden haben; denn um als ein wahres Gesellschaftsglied angesehen zu werden, darf man sich nicht bloß leidend verhalten, oder bloß Unterhaltung erwarten, sondern man muß wirkend, selbstthätig in das allgemeine Leben der Gesellschaft eingreifen; um aber dieses zu können, muß man nothwendig schon so weit gebildet seyn, daß man ein Gespräch wenigstens fortführen, sich bestimmt über das, was man denkt und fühlt, ausdrücken, und einigermaßen in eine fremde Vorstellungsart eingehen kann. Man muß Kenntniß haben von dem, was die Menschen am öftersten und fast nothwendiger Weise zum Gegenstande ihrer Unterhaltung machen, oder was beinahe in jede Unterhaltung verflochten wird, wie z. B. Begriffe aus der Geographie, Geschichte sowol des

Tages als der Vorzeit, der Literatur, der Naturlehre und dergl. Wer ohne alle solche Kenntnisse in die Gesellschaft treten wollte, würde nothwendig wie ein Kind, d. h. als bloßer Zuschauer, dastehen und von der Gesellschaft und dem Umgange selbst ganz und gar keine Vortheile und Freuden haben können. Daher eine andere Regel für die Einführung junger Leute in die Gesellschaft diese ist:

Man bringe sie nicht eher dahin, als bis sie ihre Pflicht als Glieder derselben erfüllen, d. h. selbstthätig zu Erreichung des Zweckes der Gesellschaft mitwirken können.

Die einzelnen Gesellschaften oder geselligen Zirkel sind hier freilich so verschieden, daß das Maas der für jede derselben nöthigen Geistesbildung und Kenntnisse nicht bestimmt werden kann; denn man kann in einer Gesellschaft für ein recht würdiges Mitglied geachtet werden, und in einer andern wie ein Kind erscheinen. Indessen können wir hier die auf Erfahrung gegründete Bemerkung nicht unterdrücken, daß gerade nicht immer diejenigen Gesellschaften die besten, d. h. für Geist und Gemüth erfreuendsten sind, wo die kenntnißreichsten und geistvollsten Menschen erscheinen. Es gehört zum guten Gesellschafter bei weiten mehr als gelehrt und gescheut zu seyn.

Ein anderer Grundsatz für die Einführung der Jugend in die Gesellschaft dürfte wohl auch der seyn: Man lasse den reifenden Jüngling und das zur Jungfrau aufblühende Mädchen wenigstens Anfangs nicht allein, oder bloß in Begleitung von Freunden ihres Alters in der Gesellschaft erscheinen; sondern Väter, Mütter, Erzieher oder ältere Vertrauen verdienende Freunde mögen ihnen daselbst zur Seite seyn.

Denn, wenn man auch annehmen darf,

daß die Erzieher ihre Zöglinge nicht wissentlich in eine Gesellschaft werden treten lassen, welche sie als keine gute kennen, wo also der Jüngling oder die Jungfrau der Verführung ausgesetzt seyn könnte, so ist es doch für den erstern sehr gut, wenn er bemerkt, wie sich der von ihm geachtete und geschätzte Freund, den er hier wie sein zweites Ich betrachten kann, weil er ihm der bekannteste ist, gegen die andern Gesellschaftsglieder benimmt, welche er eines Vorzugs vor den übrigen würdigt, und auf welche Art er die Unterhaltung führt. Er hat nun eine Norm für sein Betragen, der er sicher folgen kann, ohne in Gefahr zu kommen durch Verfehlung des rechten Tones sich ungünstigen Urtheilen auszusetzen. Die Jungfrau aber bedarf einer ältern Freundin in der Gesellschaft aus noch mehrern Gründen. Sie kann nämlich, vorzüglich im Umgange mit dem männlichen Geschlechte, oft in solche Lagen versetzt werden, aus denen sie Niemand so leicht als eine ältere Freundin retten kann. Man setze, daß ein Mann sich zufälliger Weise in der Unterredung, oder im Tanz, oder sonst in Gesellschaftsspielen solche Aeußerungen, ein solches Benehmen erlaubte, welches nicht mit den Grundsätzen edler Galanterie übereinstimmte, zu wem soll sie ihre Zuflucht nehmen? die Mutter, die Erzieherin, oder die ältere Freundin, welche gewissermaßen die Stelle von jenen vertritt, darf und soll hier zu ihrem Schutze aufstehen und sie vertheidigen. Vermißt die Jungfrau diesen Schutz, so sehe ich nicht, wie sie die Unbefangenheit und heitere Ruhe erhalten will, welche durchaus erfordert wird, damit ihre Anmuth und Bildung sich rein und leicht entfalten könne. Erscheint ein junges Mädchen allein oder nur unter ihren Gespielinnen in der Gesellschaft, so muß man entweder annehmen, sie traue sich Muth, Entschlossenheit, Besonnenheit, und auch Kälte genug zu, um jeder Gefahr glücklich entgehen zu können; dieses aber setzt voraus, daß sie schon viel solcher Gefahren bestanden habe, denn der Glaube an jene Eigenschaften kommt nur aus Erfahrung, und eine solche Voraussetzung ist doch gewiß nicht gerade für die jungfräuliche Delikatesse erwünscht, oder man muß glauben, sie halte sich selbst für so unbedeutend, d. h. hier so aller äußern Reize beraubt, daß kein Mann sie für mehr als einen weiblichen Geist nehmen werde; ein Glaube, den unter tausend Mädchen wohl nicht ein einziges wird erregen wollen.

Man lasse, ferner, den Jüngling und die Jungfrau nicht zu oft in die Kreiße der größern Gesellschaft treten.

Denn abgerechnet, daß der junge Mensch durch das öftere Besuchen großer Gesellschaften äußerst zerstreut werden muß, indem theils die Vorbereitung darauf, theils die Wiederholung der daselbst genossenen Vergnügungen, ihn mit unwiderstehlicher Gewalt, des damit verbundenen Sinnenreizes halber, Tage, ja Wochen lang fesseln wird; Zerstreuung aber dem jugendlichen Geiste und

Gemüthe deshalb so nachtheilig ist, weil sie der Zusammenwirkung aller ihrer Kräfte und eines nach dem wichtigen Ziele höherer Selbstbildung fortwährend mit Ernst gerichteten Strebens nothwendig bedürfen; so ist auch noch zu bedenken, daß unvermeidlich eine der das Aufstreben des Menschen zum Ideal reiner Vollkommenheit am meisten hindernden Leidenschaften, ich meine die Eitelkeit, zu sehr dadurch erregt wird. Ein eitler Jüngling aber und eine eitle Jungfrau sind nicht nur dem edlern Menschen in der Erscheinung äußerst widerlich, sondern sie sind auch gemeiniglich schwerer auf den Weg moralischer und geistiger Veredlung zu führen, als diejenigen, welche von irgend einer andern Leidenschaft ergriffen werden. Die Eitelkeit gleicht einer Stickluft, unter deren Einfluß am Ende die kräftigste Natur erliegt. Gerade weil man sie für nichts Böses erhält, wirkt sie so verderblich, und greift auch wohl schon ziemlich befestigte Charaktere an.

Wir haben mehrmals geäußert, daß das

Ideal, welches der Mensch von dem Menschen in sich trage, seinem ganzen Seyn und Wesen die Richtuug zu geben pflege, und daß der Mensch, welcher klein von der Menschheit denke, gemeiniglich selbst nicht der Größte sei; in der Gesellschaft aber kann man am leichtesten zu dieser kleinen Ansicht von der Menschheit kommen, weil die Meisten der hier am öftersten Erscheinenden nur ihren Vortheil, d. h., Genuß und Zerstreuung suchen, und da es nicht die Erreichung eines großen und schwierigen Zweckes gilt, durch kleinliche Mittel zum Ziele gelangen. Sieht der junge Mensch, wie der minder Begüterte dem Reichen schmeichelt, und mit diesem zu schwelgen, der Unbetittelte und Niedrige vor dem Höhern und Distinguirten *) kriecht, um sich selbst höher zu stellen; wie Männer die Sinnlichkeit der Frauen durch lose

*) Man sollte dieses Wort für Auszeichnungen des Standes, Ranges, oder zufälliger Verhältnisse des burgerlichen Lebens in unserer Sprache stehen lassen, und das ächt deutsche Ausgezeich-

Scherze und unziemliche Anspielungen, die Frauen die der Männer durch ihre äußere Erscheinung zu erregen und zu befriedigen suchen, wie gemeiniglich der fade Schwätzer, der zudringliche Großsprecher, der der Mode fröhnende Schwächling den Sieg über den geistreichen aber bescheidenen, den geschmack- und bildungsvollen, des äußern Modefirnisses aber entbehrenden Mann davon trägt; sieht der junge Mensch dieß oft und wiederholt, so gewöhnt er sich entweder an diesen Anblick moralischer Unsauberkeit, wie man sich an den der physischen gewöhnen kann, und findet ihn erträglich, am Ende wohl gar angenehm und erfreulich, oder er lernt die Menschen verachten, und das Unedle unedel gebrauchen. *)

n e t nur von geistiger und moralischer Größe brauchen. Ich glaube, mehrere Schriftsteller thun es auch.

*) Schiller, in seinen trefflichen Briefen über ästhetische Erziehung, stellt (im fünften Briefe) ein äußerst treffendes Bild der größern Gesellschaft

Gegen die Allgemeinheit der oben aufgestellten Regel dürfte man indessen vielleicht

auf, wie sie sich meistens in der Erfahrung findet, und welches die im Obigen angeführten Grundsätze nicht wenig rechtfertigt. Er sagt: „die civilisirten Menschenklassen — im Gegensatz der niedern und gemeinern — geben nicht selten den noch widrigern Anblick der Schlaffheit und einer Depravation des Charakters, die desto mehr empört, weil die Kultur selbst ihre Quelle ist. Ich erinnere mich nicht mehr, welcher alte oder neue Philosoph die Bemerkung machte, daß das Edlere in seiner Zerstörung das Abscheulichere sei, aber man wird sie auch im Moralischen wahr finden. — — Die Aufklärung des Verstandes, deren sich die verfeinerten Stände rühmen, zeigt im Ganzen so wenig einen veredelnden Einfluß auf die Gesinnungen, daß sie vielmehr die Verderbniß durch Maximen befestiget. Wir verläugnen die Natur auf ihrem rechtmäßigen Felde, um auf dem moralischen ihre Tyrannei zu erfahren, und indem wir ihren Eindrücken widerstreben, nehmen wir unsere Grundsätze von ihr an: die affektirte Dezenz unsrer Sitten verweigert ihr die verzeihliche *erste* Stimme, um ihr in unserer materialistischen Sittenlehre die entscheidende *letzte* einzuräumen. Mit-

nicht ohne den Schein der Wahrheit folgende Bemerkung machen: der Unterschied des Standen im Schooße der raffinirtesten Geselligkeit hat der Egoism sein System gegründet, und ohne ein geselliges Herz mit herauszubringen, erfahren wir alle Ansteckungen und Drangsale der Gesellschaft. Unser freies Urtheil unterwerfen wir ihrer despotischen Meinung, unser Gefühl ihren bizarren Gebräuchen, unsern Willen ihren Verführungen; nur unsere Willkühr behaupten wir gegen ihre heiligen Gesetze. Stolze Selbstgenügsamkeit zieht das Herz des Weltmannes zusammen, das in dem rohen Naturmenschen noch oft sympathetisch schlägt, und wie aus einer brennenden Stadt sucht Jeder nur sein elendes Eigenthum aus der Verwüstung zu flüchten. Nur in einer völligen Abschwörung der Empfindsamkeit glaubt man gegen ihre Verirrungen Schutz zu finden, und der Spott, der den Schwärmer oft heilsam züchtigt, lästert mit gleich wenig Schonung das edelste Gefühl. Die Kultur, weit entfernt, uns in Freiheit zu setzen, entwikkelt mit jeder Kraft, die sie in uns ausbildet, nur ein neues Bedürfniß, die Bande des physischen schnüren sich immer beängstender zu, so daß die Furcht zu verlieren selbst den feurigen Trieb nach Verbesserung erstickt.

des und der künftigen Bestimmung begründet doch wohl einen Unterschied in der ganzen Erziehung des Menschen; daher kann auch jener Grundsatz nur in so fern als allgemein geltend angenommen werden, als man die durch den Standesunterschied und die kunftige Bestimmung der Jugend nothwendig erzeugten Modifikationen zuläßt. Die richtige Würdigung dieser Gegenbemerkung scheint von der Frage abzuhangen: Darf man die Ausbildung der moralischen Natur des Menschen seiner Bildung für die Welt und das Leben nachsetzen? oder darf der Mensch sich der Gefahr bloß stellen, die ideale Richtung des Gemüths und die menschliche, höhere Lebensansicht zu verlieren, um sich brauchbarer und tauglicher für die Wirklichkeit zu machen? Wir wissen zwar wohl, daß Weltleute den Staat und die durch ihn begründeten Verhältnisse für das Höchste und Heiligste halten, daß sie ihn als letzten Zweck der Menschheit betrachten, und aufs geringste in dieser letztern Frage gar keinen Sinn finden. Staatsbürger und Mensch sind ihnen gleichbedeutende Worte. Sie kennen keine Welt außer der sichtbaren, und schätzen nichts, was nicht unmittelbar auf diese einfließt. Der brauchbarste Staatsdiener ist ihnen der vollendetste Mensch, und wenn sie auch ja nicht zu läugnen vermögen, daß manche Tugend in ihrer großen Welt untergegangen, manches an sich edle Gemüth ein Opfer der Konvenienz geworden ist, so sehen sie dieß als ein nothwendiges Uebel an, dem man so wenig entgehen könne, als den zerstörenden Naturrevolutionen oder Krankheiten, wodurch manches blühende Leben vernichtet werde. Sie wissen keinen andern Rath als den, sich der Nothwendigkeit still gehorchend zu unterwerfen. Freilich setzen sie in Geheim dabei voraus, daß man durch Klugheit und Behutsamkeit doch viel ausrichten könne, um die angeführte Gefahr minder bedeutend zu machen.

Allein, daß hier der Weltmann keine entscheidende Stimme haben könne, geht schon aus seinem Namen hervor. Er ist ein Zeuge in seiner eignen Sache. Man frage die Geschichte und den in jeder Menschenbrust regen moralischen Instinkt, und man wird finden, daß beide ein anderes letztes Ziel des Strebens anerkennen als den Staat und seine Verhältnisse, und daß sie diesen bloß in so fern für heilig gehalten wissen wollen, als er das wahrhaft Heilige in der Menschheit, die höhere oder moralische Natur früher und sicherer zur Entwickelung bringt, als dieß außerhalb des Staates geschehen könnte. Es ist bloße Verwöhnung, wenn der Mensch sich nur als Glied und nicht als selbstständiges Ganzes ansieht; es ist eine Versündigung an seiner Freiheit, wenn er den Maasstab seiner Würdigung von außen empfängt, und nur das ist, was die Dinge um ihn her sind. Die größten Menschen, oder auch nur die kräftigsten, d. h. diejenigen, welche am meisten in die Verhältnisse des äußern Lebens eingriffen, waren eigentlich nicht Weltleute, sondern fanden das Ziel ihres Strebens in der höchstmöglichen Erweiterung ihres Innern, in der Steigerung und Befestigung der Kraft, welche die Welt beherrscht und gestaltet. Verlöre also auch der Jüngling und die Jungfrau aus den höhern Ständen, welche die künftige Lebensbestimmung öfterer in die Kreiße des geselligen Lebens führt, durch unmäßigen Genuß dieser Vergnügungen nicht ihre Moralität, so könnte sie doch, oder würde vielmehr die Geistesfreiheit verlieren, welche zu Sicherung der innern Selbstständigkeit und zur Verfolgung eigener Zwecke nothwendig ist. In der Welt und durch die Welt wird keine genialische Kraft gebildet oder geweckt. Es kann daher dem Jünglinge und der Jungfrau, welche meist in solche Verhältnisse treten sollen, wo sie öfter als andere an der großen Gesellschaft Theil nehmen müssen, wohl erlaubt und sogar nothwendig seyn, schon früher und selbst in der Periode ihrer

Entwickelung oft und öfter als andere junge Leute in die größern Gesellschaftszirkel zu treten, um sich dadurch mehr Festigkeit und Sicherheit in ihrem äußern Benehmen, in der Anwendung der daselbst angenommenen Gesetze und Formen zu verschaffen; allein demohngeachtet kann auch für sie der Fall jenes zu oft eintreten. Auch sie müssen vor dem zu häufigen Genusse jener Vergnügungen und Zerstreuungen bewahrt werden. Auch sie dürfen den Menschen in der Idee, ihr Ideal, gebildet durch Natur und Vernunft, nicht für jenes hingeben, welches die Gesellschaft aufstellt, auch sie dürfen nicht bloße Weltleute werden, weil sie sonst leicht gar nichts werden könnten, denn immer neugestaltend wirkt der ewige Genius der Welt, der unendliche Geist der Natur, und nur derjenige, der seine Gesetze versteht, seine Winke zu benutzen weiß, mit ihm im engen Bunde lebt, kann sicher seyn, daß er selbst unter den heftigsten Erschütterungen, welche durch sein Regen alle Formen des äußern

Lebens erleiden müssen, nicht zu Grunde gehen wird.

So glauben wir, steht der obige Grundsatz: daß man den aufblühenden Menschen nicht zu oft in die größere Gesellschaft — oder in die vorzugsweise sogenannte Gesellschaft — treten lassen müsse, in seiner Allgemeinheit fest. Es ist und bleibt unbezweifelt wahr: der Mensch sieht meistens in der ihn zunächst umgebenden Gesellschaft die Menschheit selbst.

Unterhaltung.

Ohne Unterhaltung kann es keine Gesellschaft geben. Sie besteht aber in einer Vergnügen und Erholung erzeugenden und befördernden Bewegung oder Erweckung und Nährung der Thätigkeit verschiedener oder mannichfacher Kräfte der menschlichen Natur. Sie unterscheidet sich also dadurch von der Arbeit, daß hier die Kräfte der menschlichen Natur nicht in der Absicht erregt werden, um dadurch Vergnügen zu empfangen oder zu gewähren; denn ob es sich gleich wohl denken läßt, daß man zum Vergnügen arbeite, so geht doch dann dieses Vergnügen nicht aus der Art und Weise dieser Thätigkeit, sondern aus der Abwechselung hervor, welche dadurch zu gewissen Zeiten und unter gewissen Umständen ins Leben gebracht wird. Die Natur und das Wesen der Arbeit nämlich besteht in einer durch Zwang bestimmten Richtung der Kraft. Dieser Zwang kommt von Außen, und ist deshalb eben Zwang, nicht aus der innern Stimmung des Menschen selbst, und wird gemeiniglich nothwendig durch den vom Verstande aufgestellten Zweck, den man durch eine gewisse Art der Thätigkeit erreichen soll; die Thätigkeit der Arbeit ist folglich einseitig, und beschränkend, der Mensch bewegt seine geistige oder physische Natur unter der Leitung eines Begriffes, welcher ihm die Regeln für jene Bewegung oder Thätigkeit vorschreibt. Das Gefühl des Zwanges aber, oder der einseitigen Bestimmung der innern Thätigkeit ist an sich niemals angenehm, weil es das Bewußtseyn der Totalität des innern Menschen, oder das Gefühl des in ihm wohnenden unendlichen Kraftreichthums und seiner Freiheit aufhebt oder unmöglich macht.

Um sich von der Arbeit zu erhohlen tritt der Mensch in die gesellschaftlichen Kreiße. Erhohlung aber drückt, der Bildung des Wortes gemäß, ein Wiedergewinnen von Etwas aus was man nicht mehr besitzt, und zwar ein völliges. Was aber will nun der Mensch in der Gesellschaft wieder gewinnen? Sich selbst, d. h. das Bewußtseyn seiner ganzen Menschheit, deren edelste Blüthe die Freiheit ist. Er will frei werden von beschränkenden Hindernissen, welche ihm dieses in dem arbeitenden Leben nicht erlauben, allein er will es auf eine menschliche Weise, nicht durch Einstellung aller Thätigkeit, wie das Thier, sondern durch den Wechsel und die veränderte Richtung derselben. Aus dem so bestimmten Begriffe gesellschaftlicher Unterhaltung ergiebt sich nun leicht und natürlich die Frage: Wie muß dieselbe beschaffen seyn, um ihrem Zwecke zu entsprechen?

Sie darf vor Allen nicht einseitig seyn, d. h. man darf nicht wissen, daß, wenn man sich in diesen oder jenen Gesellschafts-Kreiß begeben wolle, man sich nur auf diese oder jene Art über die Dinge, welche Stoff zum Gespräch geben, oder über das Leben überhaupt äußern dürfe; daß man entweder bloß von Litteratur, oder von Stadtgeschichten, oder von Politik u. s. f. sprechen, oder daß man nur witzig, nur gemüthvoll und ernst, nur launig, nur scharfsinnig, nur scherzhaft, nur verständig und geistreich reden müsse, um sich und andern Vergnügen zu machen. Eine solche Einseitigkeit ist um so drückender, je mehr der Mensch innere Selbstständigkeit, Kraftreichthum, und daraus entspringende Neigung besitzt, sich frei oder nur den Gesetzen der

Schönheit, des Anstandes und der vernünftigen Sitte gemäß zu äußern. (Denn beiläufig gesagt — wir erkennen keine Freiheit an ohne Vernunftgesetze —) Es giebt freilich Menschen, welche sich bei einer einseitigen Unterhaltung am besten befinden, allein dieses sind entweder schwache Seelen, welche sich vor jeder fremden, nicht immer gesehenen Erscheinung aus der Geisterwelt, wie vor einem Gespenste fürchten, theils weil sie aus Bequemlichkeit nicht gern ihre Kraft anstrengen, um die fremde, kühne Erscheinung gefaßt und ruhig aufzunehmen und zu prüfen, theils weil dieser Seelenschlaf, oder die ihnen gewöhnliche Richtung der Kraft sie nicht ahnden läßt, wie viel ihnen noch fehlt, um wahre Menschen zu seyn, oder weil sie durch Eröffnung solcher Aussichten in reichere und schönere Gefilde die Unfruchtbarkeit und Dürre des eigenen nun stärker empfinden; oder es sind despotische Geister, welche des Unterdrückens, oder des Anblicks der sie umgebenden Kriecherei gewohnt, auch da die

Freiheit ungern dulden, wo sie doch allein Freude und Vergnügen zu gewähren im Stande ist.

Ferner darf die Unterhaltung nicht gesucht und erkünstelt seyn.

Wann in einer, vorzüglich größern, Gesellschaft immer verschiedenartige Menschen zusammen kommen, Menschen, welche von einander abweichende Neigungen, Geistesrichtungen, Lebensansichten, u. s. w. haben, so wird es nothwendig, daß sie zuförderst gewisse Vereinigungspunkte finden, wo sie sich in der Aeußerung ihres innern Wesens begegnen können, oder gewisse Objekte, woran sich ihre innere Thätigkeit üben kann. Dergleichen Objekte nun sind die Unterhaltungsmittel der Gesellschaft — wovon weiter unten umständlicher die Rede seyn wird — und diese müssen durch Jemand herbey geschafft werden, der entweder den Auftrag dazu, der Natur der Sache nach einmal für immer hat, wie der Wirth, oder der dieses Geschäft freiwillig unternimmt zum allgemeinen Besten. In so fern muß also zu jeder gesellschaftlichen Unterhaltung eine gewisse Vorkehrung oder Vorbereitung getroffen werden, denn es könnte sonst ja wohl gedacht werden, daß, indem alle auf eine Veranlassung zu Aeußerung ihres innern Lebens warteten, keiner eine darstellte, und die Gesellschaft statt Vergnügen und Unterhaltung Langeweile empfände. Gekünstelt und gesucht wird die Unterhaltung nur dann seyn, wenn man bemerkt, daß der, welcher dafür zu sorgen hatte, Etwas ganz Besonderes, Ungewöhnliches, Pikantes und ausgezeichnet Schönes hat ersinnen wollen, in der Absicht die Aufmerksamkeit der Gesellschaftsglieder dadurch unwiderstehlich zu fesseln, vielleicht durch Eitelkeit oder Affectation getrieben. In diesem Falle wird der Zweck der Unterhaltung deshalb verfehlt, weil man das Gefühl des Zwanges bekommt. Man fühlet Absicht, sagt Göthe recht treffend, und man ist verstimmt. Wollte z. B. Jemand die erste Stunde eine Gesellschaft mit der Vorzeigung von Kupferstichen, die zweite mit Lektüre, die dritte mit Erzählung von selbst erfahrnen Abentheuern, die vierte mit witzigen Geistesübungen u. s. w. unterhalten, so müßte dieses ganz unausstehlich werden, es möchte auch in der besten Absicht geschehen. Nein! die Leitung und Anordnung geselliger Unterhaltung muß so geschehen, daß man sie nicht bemerkt. Man muß mit feinem Takt den Erscheinenden ihre Stimmung abzumerken suchen, und ist diese vielleicht einander widerstreitend, oder nicht mit dem Zwecke der Gesellschaft überhaupt verträglich, leise und sanft ihr entgegen zu wirken suchen. Es giebt Menschen, welche diesen Takt im hohen Grade besitzen, und man nennt sie vorzugsweise gute Wirthe.

Dieses Wort führt uns zugleich zu Beantwortung der Frage, wer soll die Unterhaltung in der Gesellschaft leiten? Der Wirth, oder derjenige, welcher eine Gesellschaft zu sich eingeladen, oder das Anerbieten ihres Besuches angenommen hat. An öffentlichen Orten tritt meistens ein Ausschuß der Gesellschaft selbst an die Stelle desselben, und bei denen, welche sich zufällig bilden, ergreift wie im Naturstande der ersten Menschen, der klügste, kühnste oder gewandteste von selbst, und wie durch Instinkt getrieben, die Leitung derselben. Für den Wirth muß es daher besonders wichtig seyn, sich in den Besitz der möglichst größten Summe von Unterhaltungsmitteln zu setzen. Vor allen dürften aber wohl diejenigen in Betracht gezogen werden müssen, welche das in der Gesellschaft zu weckende Leben gleichsam vorbereiten, und gewissermaßen von selbst auf die Stimmung derselben wirken. Hierzu muß man besonders ein zweckmäßig gewähltes und verziertes Lokal rechnen. Jedermann hat es gewiß mehrmals in seinem Leben erfahren, wie viel auf den Eindruck ankommt, den das Zimmer, in das man tritt, um die Freuden der Geselligkeit zu genießen, auf jeden auch noch so unbefangenen Menschen macht.

Unter den Verzierungen aber, welche man

in den zu Aufnahme der Gesellschaft bestimmten Zimmern anbringen kann, verdienen diejenigen vor Allen den Vorzug, welche unmittelbar den Geist ansprechen, weil sie den Zweck der Geselligkeit am wirksamsten befördern helfen. Hierher gehören Gemählde, Kupferstiche, Statüen, überhaupt Kunstwerke aller Art. Auch eine Büchersammlung und musikalische Instrumente sind passende Geräthe in Gesellschaftszimmern. Durch glänzende und prächtige Meublen allein wird kein gebildeter Mensch seiner Wohnung eine anziehende freundliche Bedeutsamkeit zu verleihen glauben. Sie können da seyn und fehlen, ohne daß dadurch die Gesellschaft im mindesten Etwas entbehrt. Ja nicht selten sind sie ein Hinderniß für die freie Bewegung des jugendlichen Lebens, oder lenken wohl gar die Aufmerksamkeit vom eigentlichen Zwecke der Gesellschaft gänzlich ab.

Unterhaltungsmittel.

Gespräch.

Wenn, wie bereits im Obigen weitläufiger ausgeführt worden, gegenseitige Mittheilung des innern geistigen Lebens der Gesellschaftsglieder Zweck ihrer freiwilligen Vereinigung ist, so muß das erste und natürlichste Beförderungsmittel derselben das Gespräch seyn. Wir verstehen aber hier unter Gespräch jede Art und Weise, auf welche sich der Geist dem Geiste, das Herz dem Herzen verständlich machen, oder ihm seine innern Zustände darzulegen weiß; dahin gehöret denn auch die Zeichensprache, oder die Andeutungen durch Blicke und Bewegungen, welche oft beredter sind als das eigentliche Gespräch, und in der That einen Hauptreiz persönlicher oder mündlicher Unterhaltung ausmachen. Der Wirth muß daher sorgfältig darauf bedacht seyn, Alles zu verhindern, was die Möglichkeit dieser Art des

Gespräches beeinträchtigen könnte, und dagegen, vorzüglich wenn die Gesellschaft aus beiden Geschlechtern gemischt ist, dieselben in solche räumliche Verhältnisse zu bringen suchen, wodurch jene liebliche Zeichensprache auf alle Weise erleichtert wird. Ein Wink für die, welche aus übelverstandener Sparsamkeit die Erleuchtung gesellschaftlicher Versammlungsörter zu sehr beschränken! Doch dieß ist nur im Vorübergehen bemerkt worden; wichtiger ist die Frage: was soll man sprechen, und wie soll man sprechen? Auf den ersten Anblick möchte es freilich scheinen, als ob sich diese Fragen gar nicht im Allgemeinen beantworten ließen, denn ein jeder hat doch theils einen eigenen mehr oder minder beschränkten Gesichtskreis, eigenthümliche Ansichten von der Welt und dem Leben, besondere Neigungen, Lieblingsbeschäftigungen und dergl., theils auch eine seiner Natur besonders angemessene Art sich zu äußern; dieser spricht gern ernsthaft und das Herz ergreifend, jener liebt ein witziges, heiteres, muntere Geistesthätigkeit bewirkendes Gespräch; wollte man nun für alle ohne Unterschied ein und dasselbe Gesetz des Gesprächs bestimmen, so würde man gerade den Hauptreiz des geselligen Verkehrs vernichten, und statt des fröhlichen Lebens die ermüdendste Langeweile befördern. Sollte sich also gar keine allgemeine Regel für das Gespräch in der Gesellschaft angeben lassen? Wir glauben doch! Wenn nämlich der Mensch eigentlich nur in die Gesellschaft tritt, um sein Individuum in Andern zu fühlen, oder um sich seiner Menschheit, seiner edlern, höhern Natur, deren Wesen Befreiung von der Beschränkung des Bedürfnisses und der Noth ist, lebhafter bewußt zu werden, oder mit andern Worten, um sich geistig mit Andern zu vermählen, so versteht es sich doch wohl von selbst, daß er dasjenige in ihnen zu berühren suchen müsse, was eben eine Verschmelzung des Einzelnen zum Ganzen möglich macht. Dieses aber sind nur solche Gegenstände, die den Menschen als Menschen an sich interessiren, und von denen man voraussetzen muß, daß sie jeden, der auf menschliche Bildung Anspruch macht, interessiren werden. Man kann dahin rechnen Gegenstände der Kunst, das politische Leben der Staaten, Erscheinungen der Natur, Wahrnehmungen des innern Menschen, Geschichte und dergl. Man hat es zwar sonst nicht selten dem aufblühenden Menschen zum Gesetze gemacht: er müsse zuerst immer von dem sprechen, was dem andern persönlich interessant sei, wie seine Gesundheit, seine Familienverhältnisse und dergl., ja es ist dieses Gesetz sogar zu einer allgemeinen Höflichkeitsregel geworden; allein genau genommen ist es wirklich keine, denn man äußert damit eine nicht eben sehr vortheilhafte Meinung von dem Verstande des andern. Viel ehrender für ihn muß es nothwendig seyn, wenn ich annehme, er kenne den Zweck der Gesellschaft zu gut, um sein Ich auch hier nicht aus dem Gesichte verlieren zu wollen, und wenn ich deshalb sogleich einen allgemein interessanten Gegenstand zur Sprache bringe. Sollte der Andere dieß mißverstehen, so ist es ein Beweiß, daß er gar noch nicht geschickt ist, die Freuden der Geselligkeit zu empfinden, geschweige denn selbst zu befördern.

Rede, also würde ich dem Jünglinge rathen, der zweifelhaft wäre, wovon er in einer Gesellschaft, die er nicht genau kennt, sprechen sollte, rede von dem, was du zum Gegenstande deines Gesprächs machen würdest, wenn die ganze Menschheit dir zuhörte, von dem, was deinen Geist zum Allgemeinen, Ewigen, Nothwendigen erhebt, dein Herz mit Gefühlen erfüllt, die du gern jedem, der den schönen Namen Mensch trägt, mittheilen würdest. Folge in der Wahl des Gegenstandes deiner Neigung; er wird, er muß die andern gemüthlich ansprechen, weil er dein Gemüth für sich gewonnen hat, und du dir bewußt bist, die Welt in ihren großen Beziehungen in dasselbe aufgenommen oder dein Ich zur Welt erweitert zu haben. Vermeide, so viel wie möglich, das Bestreben, durch Neuigkeiten allein die Aufmerksamkeit zu reizen, und dir in der Gesellschaft eine besondere Bedeutsamkeit geben zu wollen. Der Verständige muß dich für geistesarm, und der wahrhaft Gebildete für einen Neuling in dem halten, was zum wahrhaft guten Ton gehört; denn eben darin besteht die feinste Politur der Sitten, daß sie den Schein haben, als wären sie nur Formen der edlern Menschheit, welche überall herrschen und herrschen sollen, wo die Menschen nicht offenbar verwildert sind.

Demjenigen, oder derjenige aber, welcher durch irgend einen bedeutenden Vorzug über die andern Gesellschaftsglieder gestellt ist, würde ich außer den oben genannten Andeutungen noch das empfehlen, daß sie durch ihr Beispiel zuerst die edle Verläugnung jedes kleinlichen Privatinteresses lehren und empfehlen, und dadurch dem minder Beglückten

Muth und Vertrauen zu sich selbst einflößen möchten; denn wie soll ein freier Umtausch von Gedanken und Empfindungen möglich seyn, wenn der Einzelne nicht Selbstvertrauen genug besitzt, um das, was in ihm lebt, unbefangen ans Licht zu stellen?

So dürfte sich also wohl eine befriedigende Antwort auf die erste Frage gefunden haben, was soll der Mensch in Gesellschaft reden; allein schwieriger möchte die Beantwortung der zweiten scheinen: wie soll der Mensch in Gesellschaft sprechen? Ja man könnte wohl gar meinen, diese Frage könne deshalb nicht allgemein seyn, weil das wie? oder die Form des Gesprächs zu sehr an die Individualität des Sprechenden gebunden sei, als daß sich eine allgemeine Norm für die Art und Weise der Führung einer mündlichen Unterhaltung auffinden lassen werde. Der Stoff derselben, dürfte man sagen, liegt als etwas Gegebenes außerhalb dem Menschen, und es läßt sich hier wohl denken, daß er mit freier

Wahl das Bessere dem Schlechtern, das Bedeutende dem Unbedeutenden, das Zweckmäßige dem Unzweckmäßigen vorziehe; allein die Art und Weise der Behandlung dieses Stoffes, oder der Aeußerung des innern geistigen Lebens jedes einzelnen Gesellschaftsgliedes, ist, wie jede andere Form eines Dinges, ein nothwendiges Produkt der in ihm wohnenden besondern Kräfte und ihrer verschiedenartigen Mischung. Du kannst, ohne Zwang und folglich ohne ein unangenehmes Gefühl desselben auch in andern zu erregen, nicht geistreich, nicht witzig, nicht gefühlvoll, nicht launig, nicht pikant, nicht scherzhaft, nicht heiter und naiv dich äußern, wenn dir die Natur nicht ein solches Verhältniß der geistigen und sinnlichen Kräfte verliehen hat, daß jene Formen unwillkührlich daraus hervorgehen.

Ueberdieß würde auch, wenn es möglich wäre, daß der Mensch willkührlich eine Form für die Aeußerung seines innern Lebens durchs Gespräch wählen könnte, jene schöne

Mannichfaltigkeit der Unterhaltung wegfallen, welche einen Hauptreiz derselben ausmacht, und die Mode würde ihr Schooskind, die Langeweile, in den meisten Gesellschaftszirkeln auf den Thron setzen.

Wir können die Wahrheit aller dieser Bemerkungen eingestehen, und demohngeachtet fragen: **Wie** soll der Mensch in der Gesellschaft sprechen? Wir meinen dann nämlich nicht, daß es eine allgemeine Form für die Aeußerung des innern geistigen Lebens jedes Einzelnen gebe, und daß der Einzelne sich diese vielleicht anzueignen suchen solle, sondern wir haben bei dieser Frage vielmehr die Absicht, zu bestimmen, **wie muß das Gespräch an sich beschaffen seyn, wenn es den Zweck der Gesellschaft befördern soll, oder welche Form muß es haben, um für ein passendes Unterhaltungsmittel gelten zu können?** Der Zweck bestimmt hier das Mittel; und wenn jener erreicht werden soll, muß dieses sich nach ihm richten. Das Gespräch ist uns hier ein für sich bestehendes Objekt, und nicht mehr bloß die Form der Aeußerung des innern Lebens der Individuen in der Gesellschaft. Es hat also eine doppelte Form, eine allgemeine und eine besondere. Die leztere mit der ersten in Einklang zu bringen, ist eigentlich die große Aufgabe jedes Mitgliedes eines gesellschaftlichen Zirkels; erfüllt es diese Aufgabe, dann hat es Alles geleistet, was man von ihm in dieser Hinsicht nur fordern darf.

Zur allgemeinen Form des Gesprächs gehört aber erstlich, daß es wirklich ein Gespräch sei, d. h. daß nicht einer allein rede und die andern bloß zuhören. Durch die gesellschaftliche Unterhaltung soll eine gegenseitige Berührung und Aufregung des geistigen Lebens erfolgen; es soll ein Mitglied der Gesellschaft sich in dem andern wiederfinden, und durch Umtausch von Gedanken und Empfindungen endlich das erhöhte Bewußtseyn seiner edlern Natur zu erhalten suchen. Man kann daher sehr füglich als höchstes Gesetz für die Art, wie ein Gespräch geführt werden soll, festsetzen: Rede so über jeden Gegenstand, daß dadurch der Hörende veranlaßt werde, sich gleichfalls darüber zu äußern, oder: Bemühe dich durch die Wendungen, die du deinen Reden giebst, die Erweckung des geistigen Lebens in Andern, und die Aeußerung desselben durch Reden oder Zeichen, welche die Rede ersetzen, so viel möglich zu befördern. Nichts ist unerträglicher, als wenn einer in der Gesellschaft, sei es aus Eitelkeit oder angeborner Redseligkeit, immerfort sprechen will, und keine Aeußerung beachtet, welche auf seine Rede von Andern erfolgt. Da ein solcher Mensch geradezu dem Zwecke geselliger Vereinigung entgegenstrebt, so sollte er billig in der Gesellschaft gar nicht geduldet werden. Wir wollen dadurch keinesweges einer gewissen Schüchternheit und Bedenklichkeit das Wort reden, welche, um nicht anzustoßen oder in Verlegenheit zu gerathen, lieber sich des Redens ganz enthält, oder der Trägheit und Faulheit, welche nur empfangen, nie selbst thätig seyn will, sondern wir wollen bloß den eigenthümlichen Charakter des Gesprächs retten, der, um die Freuden des geselligen Lebens zu genießen, durchaus erhalten werden muß. Will man bloß durch fremde Gedanken und Aeußerungen unterhalten und belustiget seyn, so lese man oder lasse sich vorlesen, oder gehe ins Theater; und fühlt man sich berufen, immerfort den Prediger, Philosophen, oder Hannswurst zu machen, so weiß man ja, wo der Platz dazu ist, und wo jeder seine Persönlichkeit frei äußern darf.

Ferner kann man als allgemeines Gesetz für das Gespräch in der Gesellschaft dieses aufstellen: Gieb deiner Rede so viel sinnliches Leben als möglich, und drücke dich so über Alles aus, daß du hoffen darfst, von jedem gebildeten Menschen ohne Mühe verstanden zu werden. Vermeide daher in deinem Ausdruck Alles, was bestimmte Wissenschaften oder Kenntnisse voraussetzt, und ohne diese nicht gehörig aufgefaßt werden kann. Bemühe dich vor Allen der Sprache, in der du reden willst, vollkommen Herr zu werden; es ist nichts widriger als einen Menschen zu sehen, der immer noch mit dem Ausdrucke ringt, oder dem man es ansieht, daß er immer etwas Anderes meint, als er eigentlich sagen kann. Dem Deutschen ist diese Regel besonders zu empfehlen, da bei weiten die Meisten ihre herrliche Sprache gar nicht verstehen, und der Schätze nicht Herr sind, welche sie verschließt, und die sie vielleicht zur ersten Sprache der gebildeten Welt machen.

Wollte man Alles, was die Form des Gesprächs in geselligen Zirkeln betrifft, in wenig Worte zusammen fassen, so könnte man sich vielleicht so ausdrücken: Rede so, daß du dadurch den Zweck des geselligen Vereins, wie wir ihn oft schon ausgesprochen haben, so vollkommen als möglich beförderst, und daß dabei dennoch deine Eigenthümlichkeit oder dein individuelles Wesen auf das reinste sich darstelle.

Lektüre.

Ein anderes sehr zu empfehlendes Unterhaltungsmittel ist: die Lektüre, worunter auch die Deklamation oder die mit mimischen Bewegungen des Körpers verbundene Rezitation, wie natürlich, verstanden wird. Jedoch muß man beim Gebrauche desselben äußerst behutsam und vorsichtig seyn, denn es kann leicht zu einem Mißbrauche verleiten, und so gerade das Gegentheil von dem bewirken, was es eigentlich bewirken sollte, nämlich statt die Gesellschaftsglieder zu erhöhter Thätigkeit ihres geistigen Lebens anzuregen, diese hindern und stören. Man nehme daher ja mit feinem Sinn auf die Natur und Eigenthümlichkeit des Zirkels Rücksicht, in dem man sich befindet, und den man durch Lektüre zu unterhalten gedenkt. Soll dieses nämlich wirklich erreicht werden, so muß man erst den Grad der Bildung, und dann die Stimmung kennen lernen, welche der Gesellschaft eigen ist. Man thut daher sehr wohl, wenn man beides erst durch Gespräch zu erforschen sucht, und dann abwartet, ob sich das Bedürfniß einer lebendigern, tiefern Anregung des geistigen Lebens, als durch das bloße Gespräch erreicht werden kann, von selbst offenbart. Geschieht dieß wirklich, dann säume man nicht, zu einem Schriftsteller seine Zuflucht zu nehmen, der alle Saiten der menschlichen Natur auf eine erfreuliche Weise anspricht, und in jeder reinen Seele eine freudige Aufnahme dessen, was er in den schönsten Momenten seines Lebens dachte und fühlte, finden muß. Dichter sind dazu am meisten geeignet, weil sie die Phantasie und den Verstand zugleich beschäftigen, und so das sinnliche Leben mit dem geistigen zugleich und harmonisch anregen. Alle übrige Schriftsteller, als Geschichtschreiber, Philosophen und andere werden nur in dem Maße sich zur geselligen Unterhaltung benutzen lassen, als in ihren Schriften mehr die Phantasie, als die bloße Reflexion angesprochen und in Thätigkeit gesetzt wird.

Es ist auf alle Fälle nicht zu läugnen, daß die höchste Blüthe des geistigen Lebens nur in der verschwiegenen Stille jener heiligen Augenblicke sich entfaltet, wo der Mensch im Anschauen des ewig Schönen versunken, das reinste Bewußtseyn seiner Göttlichkeit erhält, und dieses durch ein Verkörpern seines Urbildes, durch ein Schaffen ihm ähnlicher Gebilde auf immer zu fesseln sich bemüht — diese Produkte der Kunst, im edelsten Sinne des Wortes, lassen sich den herrlichen Blumen vergleichen, die durch ihren Farbenglanz und ihre balsamischen Düfte das feinste sinnliche Leben erregen und oft die Bande der Ohnmacht lösen, womit dieses zuweilen gefesselt wird. So heilsam vermögen ebenfalls nicht selten die Gebilde der Kunst auf die Erweckung des geistigen Lebens zu wirken, wenn dieses durch den Druck ungünstiger Umgebungen in Erstarrung gerathen war.

Jeder, der daher oft Gelegenheit hat, Gesellschaft in seinem Hause zu sehen, welche er als Wirth zu unterhalten suchen muß, sollte deshalb für eine Büchersammlung sorgen, womit er dem genannten Bedürfnisse sogleich abzuhelfen im Stande wäre.

Musik.

Die Musik ist eine himmlische Kunst. Mehr als eine ihrer Schwestern vermag sie es, die innerste Seele zu berühren, und das Herz jedem süßen und erhebenden Gefühle aufzuschließen; allein da sie nicht im Stande ist, dem Geiste Ideen in deutlich zu erkennender Gestalt zuzuführen, und da sie deshalb diesen auch nicht unmittelbar aufregt und in Thätigkeit setzt, ja vielmehr die selbstthätige Regsamkeit desselben gewissermaßen durch ihren Zauber bindet; so scheint sie nicht wohl geeignet zu seyn, eines der vorzüglichsten Unterhaltungsmittel eines geselligen Kreißes abzugeben, wiewohl deshalb nicht geläugnet werden soll, daß sie, mit feinem Sinne angewandt, immer sehr viel zu Belebung und Erhöhung der geistigen Reizbarkeit, also auch zu dem Vergnügen, welches man in der Gesellschaft sucht, beitragen könne. Indessen muß dann selbst bei den zu wählenden Stücken, nicht, wie es so häufig zu geschehen pflegt, bloß auf den mehr oder minder berühmten Namen des Componisten, oder auf die Schwierigkeit und Originalität der Composition, durch deren Vortrag dann meistens der Spielende seine Eitelkeit oder Ehrliebe zu befriedigen sucht, gesehen werden, sondern man muß mehr den Eindruck berücksichtigen, den der in dem Musikstücke athmende Geist und Ton auf jeden gebildeten Menschen nothwendig hervorbringen muß. Der Gesang dürfte daher auch wohl der bloßen Instrumentalmusik vorzuziehen seyn, weil durch jenen der Geist zugleich Gedanken und die Phantasie Bilder erhält, letztere aber nur bestimmte allgemeine Seelenzustände zu versinnlichen vermag, sehr oft aber nichts weiter ist als ein Versuch in geschickter Auflösung von Disharmonien und Ueberwindung von Schwierigkeiten, welche, um seine Erfahrung darinnen zu bewähren, erst von dem Tonkünstler selbst erzeugt wurden; ein Kunststück, wobei kein Mensch etwas wird empfinden können.

Am zweckmäßigsten scheint die Musik als Unterhaltungsmittel einer Gesellschaft einzutreten, wenn sich diese erst einige Zeit mit Gespräch oder Lektüre ergötzt hat, und der Geist gewissermaßen einen Ruhepunkt für seine selbstthätige Aeußerung fordert. Gesellschaften, wo die Musik als Hauptunterhaltungsmittel gebraucht wird, werden leicht und gemeiniglich für jeden, der nicht, wie man sagt, musikalisch ist, langweilig.

Ueberhaupt, und um dieß nur im Vorübergehen zu berühren, legt unser Zeitalter einen viel zu hohen Werth auf die Musik, wenn es ihr erlaubt, die Dichtkunst und Tanzkunst nur als Stiefschwestern anzusehen, und überall den ersten Platz in der Reihe veredelnder Geistesbeschäftigungen einzunehmen. Dürfte nicht vielleicht unserm gar zu großen Hange zu Vergnügungen, welche die Selbstthätigkeit des Geistes so wenig aufregen wie die Musik, der Mangel an geistiger und moralischer Energie und an Ausbildung der höhern Verstandeskräfte im Ganzen mit zuzuschreiben seyn? — Die alte Welt wenigstens, welche in diesem Punkte, wie in so vielen andern, der unsrigen geradezu entgegenstand, kannte unsere Sucht, sich durch Musik zu unterhalten, nicht.

Tanz.

Fast in allen Ländern Europa's gehört der Tanz unter die vornehmsten Vergnügungsarten der Gesellschaft. Ganz anders war es bekanntlich bei den Alten, welche den Tanz auf der einen Seite weit mehr, und auf der andern weit weniger achteten als die modernen Völker; weit mehr, weil er von ihnen bei öffentlichen religiösen Feierlichkeiten gebraucht wurde, und weit weniger, weil man zur gesellschaftlichen Unterhaltung ihn meistens nur von Sklaven als ein angenehmes Schauspiel für die Sinne aufführen ließ, ohne daß man selbst daran Antheil nahm. Unsere von dieser so sehr abweichende Art den Tanz zu behandeln, gründet sich offenbar auf unsere veränderte Ansicht des Verhältnisses beider Geschlechter. Es ist nämlich ein charakteristischer Zug der modernen Welt, das Geschlechtsverhältniß in ein reizendes Spiel für die Phantasie zu verwandeln, und das Weib, bezeichnet mit dem Beinamen der schönern Hälfte der Menschheit, mehr als einen Gegenstand der Verehrung und als Etwas Heiliges zu betrachten, dessen Besitz durch große Aufopferungen und Anstrengungen, so wie durch Erhöhung des eigenen Werthes von Seiten des Mannes errungen werden müsse. Diese Ansicht des Geschlechtsverhältnisses, vorzüglich ausgebildet in den bekannten Ritterzeiten, hat in gewisser Hinsicht allerdings viel voraus vor der, welche in dem Alterthum herrschend war, wo die Treue in Befolgung der Naturgesetze eine größere Freiheit der Sitten und des Anstandes erlaubte. Da nun aber durch diese, wegen der Rohheit jener eben genannten Zeit, und des Verfalles der antiken Kultur, nothwendig gewordene Ansicht die Geschlechter, die doch immer nach Vereinigung streben, getrennt wurden, so suchte man durch den gesellschaftlichen Tanz das Urverhältniß der Natur wieder herzustellen, und auf eine ächt menschliche Weise Zwang mit Freiheit, Anstand mit Natur, Phantasie mit Sinnlichkeit in Vereinigung zu bringen, und erschuf so eine neue Vergnügungsart, welche gewiß, auch außer diesem Hauptzwecke, durch die zu ihr gehörigen nothwendigen Nebendinge, unter die reizendsten und angenehmsten zu zählen ist; denn wo würde Geist und Sinn auf eine so vielfache Weise ergötzt und unterhalten, als eben durch den geselligen Tanz, wenn er das ist, was er eigentlich seyn soll, eine schöne Darstellung der unter dem Zwange der Dezenz rein erhaltenen Naturverhältnisse?

Allein tritt man in einen unserer Tanzsäle, und betrachtet die Tänze, womit sich unsere Jugend und Nichtjugend vergnügt, so wird man leider nicht nur an nichts weniger als an den eben aufgestellten Begriff erinnert, sondern man glaubt kaum, daß dieser Tanz eine wahrhaft menschliche Vergnügungsart seyn könne. Im wilden Wirbel fortgerissen, dicht an einander angeschlossen, triefend von Schweiß und mit keuchender Brust, fliegen die Paare an dir vorüber, stehen plötzlich still und schöpfen Athem, ohne im Stande zu seyn sich oft auch nur ein Wörtchen zuflüstern zu können. Der Mann, unbekümmert um das Weib, das Weib, unbekümmert um den Mann, beide nur auf den Moment lauernd, wo der frei gewordene Raum ihnen wieder fortzustürmen erlaubt, stehen und blicken umher oder unterhalten sich, wenn es ihnen ihre Brust erlaubt, mit den Zuschauern. Indessen kann doch hier, wenn die physische Kraft sich vergnügend erschöpft hat, jedes einzelne Paar abtreten, welches da nicht wohl geschehen darf, wo durch lange, lange Reihen ein Paar nach dem andern hineilt, und oft in der Mitte dieser Reihen schon bloß laufen oder gar gehen muß, um nur das Ende leidlich erreichen zu können. Und doch sind diese Walzer und Ecossaisen noch immer die beliebtesten Gesellschaftstänze; denn selten nur erblickt man die formenreichere, wahrhaft gesellige Quadrille, gar nicht mehr aber die ausdrucksvolle Menuett und zärtlich reizende Allemande.

Ohne zu untersuchen, welchen nachtheiligen Einfluß jene wilden Tänze oder Stürme auf die Gesundheit des Körpers und der Seele haben können oder müssen, ohne das in Anschlag zu bringen, was Sittsamkeit und Schaamhaftigkeit dem Weibe und Achtung gegen die Menschheit so wie der eigene Vortheil dem Manne gegen solche Tänze zu sagen haben dürften, sind sie als offenbare Zerstörer des durch den Tanz zu genießenden Vergnügens selbst anzusehen; denn, wenn, wie schon bemerkt worden, die trauliche Annäherung der Geschlechter in sinnlicher Berührung einen der Hauptreize des Tanzes ausmacht, so begreift man nicht, wie der Mann, der ein schönes Weib in seinen Armen hält, so in Sturmes Eile und mit der gewaltigsten Anstrengung seiner Kraft dahineilen kann, und warum er nicht lieber in mäßigerer Bewegung das reizende Vergnügen sich zu verlängern und mit Bewußtseyn zu empfinden sucht; ja warum er nicht durch abwechselnde Entfernung dem Auge auch einen Theil des Genusses gönnt, den das sinnliche Gefühl allein sich anmaßt? Wendet man dagegen ein, daß der eben genannte Reiz keinesweges mehr der Hauptzweck des gesellischaftlichen Tanzes sei, so kann man fragen, welcher ist es denn? und warum tanzt dann nicht lieber jedes Geschlecht für sich; so könnte es ja auch seiner Jugendkraft sich freuen, und nach Gefallen austoben, ohne zugleich mit der physischen auch die moralische Natur zu Grunde zu richten. Bedeutender aber wäre der Einwurf gegen die hier geäußerten Urtheile über unsere Gesellschaftstänze, in Vergleichung mit den veralteten, den man aus der Natur der letztern selbst herleiten könnte. Ist nicht, könnte man sagen, die alte Menuett, die Allemande, der eigentliche Länderer in gemäßigtem Takte, weit verführerischer und der Moralität nachtheiliger als der Walzer, der die Besinnung raubt, und die Ecossaise, welche ermattet und erschöpft? Es ist allerdings wahr, daß das, was mit Bewußtseyn und Ruhe aufgefaßt und genossen wird, tiefere Spuren hinterläßt als das, was man flüchtig und kaum daran denkend berührt und genießt; es ist nicht zu läugnen, daß dem Jüngling und Mädchen das schöne

Bild menschlicher Reize, wie sie sich z. B. in der Menuett und Allemande zu entfalten Gelegenheit finden, weit tiefer einprägen, daß die in der Form dieser Tänze deutlich ausgedrückte Bedeutung derselben das Gefühl lebhafter ansprechen, und die immer gereizte und unbefriedigte Sehnsucht der Phantasie eine höhere Spannung geben mußte, als dieses bei den jetzt gewöhnlichen Tänzen der Fall ist; allein dafür beschäftigte den Tänzer auch die Aufmerksamkeit, welche er auf die regelmäßige Ausführung seiner Bewegungen richten mußte, das Bestreben seiner schönen Hälfte von der vortheilhaftesten Seite zu erscheinen, und was ihm vielleicht die Natur versagt hatte, durch Kunst zu ersetzen, so wie die Rücksicht, welche er auf die Zuschauer zu nehmen gewöhnt war, dergestalt, daß ein ziemlich bedeutendes Gegengewicht gegen jene Gefahr des fortwährenden Anschauens und Strebens nach Annäherung erzeugt wurde; und dann, mußte nicht das Weib vorzüglich größer von sich selber denken lernen, wenn es bemerkte, mit welcher schonenden Artigkeit es von dem Manne behandelt wurde, wie die endliche Umfassung oder die bloße Vereinigung beider Hände gleichsam erst der Lohn einer mühsamen Bewerbung war?

Die veralteten Tänze, welche immer mehr zeigten als gewährten, und die Geheimnisse der Natur ehrten und schonten, hatten gerade dadurch den Vorzug, daß sie die Einweihung in die letztern, den süßesten Genuß der Menschheit, edler und reizender machten, und es ist wohl nicht zu viel behauptet, wenn man sagt, daß die höhere geistige und körperliche Kraft unserer Vorfahren zum Theil sich daraus erklären lasse, daß sie unsere Arten gesellschaftlicher Vergnügen entweder gar nicht oder auf eine ganz andere Weise kannten. Indessen härtet die Gewohnheit eben so gegen nachtheilige Einflüsse gewisser Dinge ab, wie gegen wohlthätige, und gerade diejenigen, welche am öftersten an reichbesetzten Tafeln speisen, sind am wenigsten der Gefahr des schädlichen Uebermaßes ausgesetzt.

Spiel.

Wir können uns hier nicht darauf einlassen, eine tiefgreifende philosophische Untersuchung über das Wesen des Spieles selbst anzustellen, weil wir dabei unsern Hauptzweck, seinen Einfluß auf die Belebung und Unterhaltung des geselligen Vergnügens darzustellen, zu weit aus dem Gesichte verlieren würden; auch ist der Charakter des Spieles bereits in unserm Vortrage da ausgesprochen worden, wo von der Erholung, welche der Mensch in der Gesellschaft sucht, die Rede war. Wir haben es hier blos mit den Gesellschaftsspielen zu thun, wodurch der Genuß geselliger Freude erhöht oder befördert werden soll.

Blicken wir in unsere Gesellschaften, so finden wir größtentheils entweder Spiele, welche viel zu ernsthaft und anstrengend sind, um dem Geiste einen Genuß seiner freien

Thätigkeit zu gestatten, also mehr zur Arbeit werden; oder solche, die man zu nichtig und frivol nennen muß, um einen gebildeten Menschen zu fesseln. Dieser Unterschied aber beruht nicht sowohl auf dem Objekte des Spieles als auf der Art, wie man sich mit jenem Gegenstande beschäftigt; denn dem heitern, in sich selbst geordneten Geiste können Dinge zum Spiele dienen, welche man sonst gewöhnlich nicht für dazu geeignet hält, wie z. B. ehrwürdige und heilige Dinge, oder solche, welche durch verjährte Vorurtheile dafür geachtet werden, und dann auch wieder solche, die auf den ersten Anblick kaum einer Beachtung werth, wo nicht gar unanständig erscheinen; allein da man nicht bei allen Menschen, welche in die Gesellschaft treten, einen solchen Grad von Bildung voraussetzen darf, welcher sie über Gewohnheiten und längst gefaßte Ansichten hinwegsetzt, so hat man gleich darauf gedacht, gleichgültige Dinge oder doch solche, welche keine vorzügliche Bedeutsamkeit für das Herz haben können, zu Gegenständen der gesellschaftlichen Spiele zu machen. So sind entstanden das Kartenspiel und mehrere andere, wo durch eine leichte Anwendung der Verstandeskräfte, unter Mitwirkung des Glücks, ein gewisser Preiß gewonnen wird, der meistens in Geld oder Geldeswerth besteht.

Im Ganzen kann man indeß annehmen, daß ein Gesellschaftsspiel um so zweckmäßiger und empfehlungswürdiger sei, je mehr und harmonischer es einer Seits das innere geistige Leben der Gesellschaftsglieder anregt und nährt, anderer Seits aber Veranlassung giebt, daß der gegenseitige Umtausch von Gedanken und Empfindungen lebhafter und inniger werde.

Betrachten wir in dieser Hinsicht unsere Gesellschaftsspiele, so muß man leider gestehen, daß nur wenige sich dem hier aufgestellten Ideale nähern, denn die Kartenspiele, als die gewöhnlichsten, sind entweder nur als bloße Beschäftigungen des Verstandes und Combinationsvermögens zu betrachten, und geben der Phantasie und dem Gefühle gar keine Anregung zu Aeußerung einer angenehmen Thätigkeit, oder sie werden auch durch Erweckung des Eigennutzes, zumal, wenn ein hoher Preis auf dem Spiele steht, peinlich und quälend. In beiden Hinsichten dürfte wohl Schillers Ausspruch, daß das Kartenspiel in Vergleichung mit dem Trauerspiele, viel zu ernsthaft sei, nicht ungegründet gefunden werden; denn dieses, das Trauerspiel, erregt gewiß, wenn es von einem Meister herrührt, keine Gefühle, welche den Geist und das Gemüth auf eine unangenehme, peinliche Weise fesseln und beengen; sondern es strebt dahin, dem Menschen, durch Erhebung über das Leben, und seine drückenden Verhältnisse, jene höhere Freiheit wiederzugeben, welche in seiner eigenen Brust wohnt und durch die Ideen des Unendlichen und Ewigen, dem er als Theil angehört, genährt und gestärkt wird.

Das Kartenspiel kann daher nur durch die Abwechselung, welche es in die Gesellschaft bringt, als Unterhaltungsmittel angesehen werden, und es wird in dieser Hinsicht immer einen vorzüglichen Platz behaupten, weil es dem Hange zur Bequemlichkeit nachgiebt, und jeder, der nicht gern seine volle geistige Kraft gebraucht, oder dem es an Talent und Uebung fehlt, sein Inneres auf eine schöne, erfreuende und unterhaltende Weise darzustellen, denn doch auf diese Art Etwas für die Gesellschaft leistet, und sich hier nicht ganz überflüssig findet; allein wirklich verkehrt und lächerlich ist es, wenn man das Kartenspiel zum vornehmsten Unterhaltungsmittel und zwar ohne Unterschied für alle Gesellschaftsglieder erheben will; denn dadurch hört alles Leben in der Gesellschaft auf, und es kann dem, der nicht mit Leidenschaft spielt, also wirklich verbildet ist, ganz einerlei seyn, ob er zu Hause arbeitet, und sich zur Lust beschäftigt, oder ob er sich in einem Saale findet, wo die anwesenden

Menschen für ihn todt sind. Wir können hierbei unmöglich die Bemerkung zurückhalten, daß, wenn man einen unbefangenen Blick in unser geselliges Leben wirft, man sich höchlich verwundern muß, daß die meisten Menschen Alles aufbieten, was nur in ihren Kräften steht, um in der Gesellschaft die Gesellschaft zu zerstören, und statt Heiterkeit und anmuthsvolle Freiheit zu befördern, Zwang, Heuchelei und drückende Langeweile daselbst einführen.

Um aber irgend ein Gesellschaftsspiel in Vorschlag zu bringen, muß der Wirth, oder wer sonst die Unterhaltung leitet, sich genau um den Grad der Bildung des größten Theiles der Gesellschaft bekümmern, damit er nicht Etwas als Unterhaltungsmittel angebe, was für diesen Kreiß eine wahre Arbeit wird. Dieser Fall kann leicht bei solchen Spielen eintreten, welche man Spiele des Witzes nennt, wo es auf eine besondere Gewandtheit und Feinheit des Geistes, und zugleich auf viele Uebung ankommt. In diesen kann selbst der geistreichste Mensch nur etwas Mittelmäßiges leisten, und weil das Ehrgefühl zu sehr dabei aufgeregt wird, entsteht nur zu leicht eine unangenehme Rivalität, die sich wohl gar in offene Feindseligkeit verwandelt. Nichts muß in der Gesellschaft aber mehr vermieden werden, als jede mögliche Kränkung der Ehrliebe eines Gesellschaftsgliedes.

Näher dem Zwecke der Gesellschaft, dünkt uns, kam man ehedem durch die mancherlei Kreis- und Pfänderspiele, welche, wenn sie auch in ihren bekannten Formen gerade nicht als Muster gelten können, denn doch ihrer Tendenz nach gewiß vielen unserer langweiligen Whist- und L'Hombrepartthien vorzuziehen seyn dürften. Einen vorzüglichen Reiz erhielten jene Spiele wohl dadurch, daß sie auf Momente wenigstens den Menschen die Fesseln der, wenn auch für das Ganze heilsamen und nothwendigen, von dem Einzelnen doch immer als Zwang empfundenen D e z e n z, oder gesellschaftlichen

Sitte abnahmen, und ihn so vorzüglich durch eine traulichere Annäherung der Geschlechter, selbst in Hinsicht des veredelten Sinnengenusses, dem Naturstande näher brachten. Dieser Reiz mußte aber in jener Zeit, wo sie entstanden, oder doch im Gange waren, gerade um so bedeutender seyn, je drückender die Fesseln des Anstandes waren, dem selbst die unschuldige Fröhlichkeit und der unbefangene Lebensgenuß sich fügen mußten. Wie mußte der im Pfänderspiel so oft erlaubte Kuß von den Lippen der Jungfrau den Jüngling entzücken, der selbst im Tanze kaum die Fingerspitzen seiner Tänzerin berühren, noch weniger eine schöne Hand drücken durfte, wenn er sie nicht für immer behalten wollte und konnte. Man sage nicht etwa, daß es doch eine armselige Gesellschaft sei, welcher man durch die Erlaubniß einer traulichen Annäherung der Geschlechter in sinnlicher Berührung aufhelfen müsse. Nimm den Reiz dieser Vereinigung aus dem Leben, und du hast ihm seine Blüthe genommen, die Phantasie läßt die Flügel sinken, die sie in das Land idealer Schönheit tragen, und Geister mögen wohl dann noch sich an ihrer höhern Verbindung ergötzen, aber der Mensch ist in seinem Wesen vernichtet.

Die Glücksspiele, oder die, wo der Mensch gar nichts zur Entscheidung beitragen kann, wo also eine uns unbekannte Macht allein waltet, deren Beziehung auf sein Individuum der Spielende hier eigentlich prüfen will, mögen wohl selbst für den gebildeten Mann zuweilen nicht ohne Unterhaltung seyn, vielleicht gerade um so mehr, je höher der Preiß ist, der dabei gewonnen oder verloren werden kann; allein eigentliche Gesellschaftsspiele sind sie keinesweges. Der Deutsche liebte sie aber von jeher sehr, und bewies dadurch, wie durch vieles Andere, daß er und überhaupt der Bewohner des Nordens an sich gar kein spielendes Wesen sei; so wie sein Sinn für die Form immer erst durch eine feinere zweckmäßige Bildung entwickelt wird: dahingegen die Bewohner des südlichen Europa sich durch die Freiheit und Genialität ihrer Spiele — welche freilich zuweilen bis zur Frechheit und Zügellosigkeit gehen mag — gar sehr auszeichnen. Wo finden wir z. B. im Norden etwas dem fröhlichen Leben des römischen Korso zur Zeit des Karnevals ähnliches? oder wo regt sich bei uns eine so süße schwärmerische Trunkenheit, als viele Reisende bei den Festen auf den Inseln des griechischen Archipels bemerkt haben? und gerade wir, in unserm Norden, sollten uns durch die ausgesuchteste Verfeinerung geselliger Freuden für die Entbehrungen zu entschädigen suchen, zu welchen uns unser strengeres, rauheres Klima verurtheilt.

Hindernisse der Geselligkeit.

Ein Hinderniß der Geselligkeit muß alles dasjenige genannt werden, was das freie gesellige Verkehr unter den Menschen erschwert, oder wohl gar unmöglich macht, oder welches Ursache wird, daß man die Freuden des Umgangs entweder gar nicht, oder nicht rein zu genießen im Stande ist. Solcher Ursachen nun kann es zweierlei geben, innere und äußere. Unter den innern verstehen wir hier diejenigen, welche aus der Denkungs- und Handlungsweise der Menschen — entweder einzelner Individuen, oder ganzer Stände, Klassen und Zeitalter hervorgehen, also durch diejenigen, die auf die Freuden der Geselligkeit Anspruch machen, selbst erzeugt werden; äußere aber sind die, welche nicht aus Fehlern der moralischen Natur derer entspringen, die den geselligen Verein bilden wollen, sondern in Erscheinungen liegen, die als Wirkungen eines unbesiegbaren äußern Schicksals angesehen werden können. Dahin gehören z. B. Krieg und politische Verwirrungen in dem Lande, das man bewohnt, oder furchtbare Naturerscheinungen, welche den Menschen zum immerwährenden Kampf auffoderm, und ihm dadurch die Muse rauben, sich einer freien Thätigkeit seiner geistigen Natur hinzugeben, und auf den Genuß von Freuden zu denken, welche nur bei vollkommner Heiterkeit des Gemüths ganz empfunden werden können.

Diese äußern Hindernisse aber machen wir deshalb hier nicht zum Gegenstande unserer Untersuchung, weil sie theils nur vorübergehende Erscheinungen sind, theils nicht in der Freiheit des Menschen liegen, folglich auch nicht von ihm durch eigenen Willen und freie Thätigkeit beseitigt oder gehoben werden können. Uns sollen hier nur die innern beschäftigen, welche auch bei weitem die gefährlichern sind.

Ein flüchtiger Blick schon auf die menschliche Natur und die Zeit, in der wir leben, zeigt uns sogleich zwei bedeutende Hindernisse dieser Art, nämlich

den Egoismus und die Eitelkeit.

Der Egoismus oder das Bestreben des

Individuums, sein eigenes Ich immer als den Mittelpunkt der Welt zu denken, bei aller Richtung seiner Thätigkeit nur seinen eigenen Genuß und Vortheil zu befördern, und Andern nur insofern daran Antheil zu verstatten und zu gönnen, als es hofft, daß der seinige dadurch erhöht werden könne — ein solches Bestreben muß nothwendig den Genuß der Geselligkeit ganz aufheben, oder wenigstens ungemein erschweren, weil eben die schönste Blüthe dieses Genusses im wechselseitigen Umtausch dessen besteht, was Geist und Gemüth Köstliches und Edles besitzen, weil man Andere zufrieden und vergnügt machen muß, wenn man von ihuen erwarten will, daß sie mit heiterer Seele dasjenige mittheilen sollen, was die Freuden des geselligen Vereins erhöhen kann, weil eine Erweiterung des beschränkten individuellen Daseyns die Basis der Geselligkeit ausmacht. Der Egoist, der gewöhnlich vom Neide gefoltert, den Anblick fremden Glückes und fremder Vollkommenheit mit innerm Schmerze betrachtet, und sich grämt, daß er nicht auch diese noch aus den Händen der alliebenden Natur empfing, der von Geiz besessen, mit karger Hand dasjenige spendet, was zur Belebung der Heiterkeit und des Frohsinns, wenn auch nur als äußeres Hülfsmittel, dient, der nur dann wohlwollend und theilnehmend erscheint, wenn er dadurch hoffen darf, Jemanden zu gewinnen, dessen Bekanntschaft und Umgang ihm eine reiche Befriedigung seiner eigensüchtigen Neigungen verspricht — der Egoist, wenigstens der feinere, wird zwar wohl gesellige Zirkel um sich bilden, wird vielleicht glänzende Feste und Gastmäler geben, und, so lange er seine Denkungsart unter der Maske von wohlwollender Gesinnung und edler Freigebigkeit zu verbergen weiß, eine Art von Frohsinn und und wahrhaft geselligen Lebens um sich erhalten können; allein dieses wird doch nicht von langer Dauer seyn, weil es nur erkünstelt ist, und ein edleres Gemüth nichts mehr flieht und verabscheut als die Gesinnung und

Handlungsart des Egoisten. Das Bestreben und die Neigung seiner edlern und höhern Natur oder der Menschheit überhaupt in Andern und durch Andere im freien Umgange mit ihnen sich bewußt zu werden, ist dem Egoisten fremd, denn er hat sich selbst noch gar nicht zum Menschen erhoben, und vermag es nicht, sich selbst über der Welt und dem großen Ganzen der Natur zu vergessen. Dieses ist nur der Liebe, dem Gegenbilde des Egoismus, eigen, weshalb man sie auch sehr passend mit der Sonne vergleicht, an deren warmen Strahl sich die Blüthen entfalten und die Früchte reifen, dahingegen der Egoismus dem Froste vergleichbar ist, dessen erstarrender Hauch die fröhliche Lebensthätigkeit hemmt, und die Verbreitung derselben durch gegenseitige Anregung der Kräfte lebendiger Wesen hindert.

Daß wir unser Zeitalter des Egoismus, und dadurch des Mangels an wahrer Humanität und liebender Gesinnung, so wie der darauf sich gründenden wahren Geselligkeit (im Ganzen, wie sich versteht, denn Ausnahmen giebt es überall und zu allen Zeiten) angeklagt haben, wird Niemanden befremden, der mit aufmerksamen Blicken die Gesellschaft, in der er lebt, betrachtet. Was die Ursache davon ist, können wir hier nicht umständlicher untersuchen, weil diese Untersuchung für unsern Zweck zu weitläuftig seyn würde. Ein Hauptgrund liegt wohl unstreitig in dem in den neuern Zeiten so außerordentlich verbreiteten Hange zu sinnlichen Genüssen und den Freuden eines üppigen Lebens; einem Hange, der außerdem, daß er den Menschen ganz von dem Leben in Ideen und der Beschäftigung mit geistigen Dingen abführt, endlich düstre Unzufriedenheit des Gemüths und Neid bei den Minderbegüterten erzeugt, welche dann jedes Mittel ergreifen, um sich gleichfalls ein glänzenderes äußeres Leben zu bereiten; ein Streben, das, wo es allein herrschend ist, die wohlwollenden, zu Mittheilung und Verbreitung dessen, was man besitzt, stimmenden Gesinnungen — die eigentliche Liebe — nicht aufkommen läßt, und dabei die freie Thätigkeit des Geistes und den heitern Blick auf das Leben und die Welt, das fröhliche und zufriedene Einkehren in sich selbst, fast ganz unmöglich macht.

Ob nicht unsere Staatsverfassungen gleichfalls einen großen Einfluß auf die Nährung des Egoismus haben, wollen wir hier unentschieden lassen, indessen leuchtet auf den ersten Anblick gewiß Jeden so viel ein, daß eine bürgerliche Verfassung, welche das Individuum immer als Theil des Ganzen angesehen wissen will, und wo jedes immerfort im Staate und für den Staat zu leben gewöhnt wird, leichter in ihm die Neigung zum Leben in Ideen überhaupt, und dadurch zu geistigen Genüssen, zur Mittheilung und Erweiterung seines beschränkteren Daseyns erwecken und unterhalten muß, als eine, wo der Einzelne sich nur im Gehorsam gegen die Obrigkeit als Staatsbürger fühlt, den Staat folglich immer als eine Zwangsanstalt betrachtet, oder ihn doch wenigstens nicht gerade lieben lernt.

Daß aber die Eitelkeit als ein wichtiges Hinderniß der Geselligkeit angesehen werden müsse, ergiebt sich sogleich aus dem Begriffe derselben. Sie ist nämlich das Bestreben, Aufsehen zu erregen in der Absicht, die eigene Persönlichkeit über andere zu erheben, und sich auf alle Weise das Bewußtseyn zu verschaffen, daß Andere von unserm wahren oder eingebildeten Werthe lebhaft durchdrungen sind. Der Eitle will nur sich in Andern sehen, fremde Vollkommenheit ist ihm ein Dorn im Auge, zumal wenn es scheint, als ob die seinige dadurch minder beachtet werde. Da er immer auf den augenblicklichen Genuß der Selbstbeschauung ausgeht, so ist er in der Wahl der Mittel, sich diesen zu verschaffen, nicht sehr verlegen, und man sieht nicht selten geistreiche Menschen, welche von diesem unseligen Dämon besessen worden sind, zu den gemeinsten oft nicht ganz edlen Mitteln greifen, um nur ja nichts von der hohen Meinung zu verlieren, welche sie von sich bei der Gesellschaft, in der sie erscheinen, erregt zu haben glauben. Wenn der, welcher nach Ruhm strebt und den Stolz nährt, nicht selten seine nächsten Umgebungen mit entschiedener Verachtung behandelt, so schmeichelt ihnen der Eitle auf eine feinere oder gröbere Art, und hütet sich auf alle Weise, diejenigen gegen sich zu reizen, welche einen bedeutenden Einfluß auf das Urtheil der Menge haben. Der Eitle ist immer kokett. Er putzt sich beständig, sei es nun physisch oder moralisch. Daher ist er auch immer kalt, ja frostig, denn sein stetes Spekuliren und Haschen nach dem Beifall der Menge, sein neidisches Spähen, ob nicht ein fremdes Verdienst das seinige verdunkelt, läßt ihn nie zu einer freien Regung des Gemüthes, zu einem unbefangenen Aufschließen seines Innern, noch minder zu einer freudigen Theilnahme an fremder Individualität oder der edlern Menschheit überhaupt gelangen;

denn wenn er auch begeisterte Momente hat, wo, wenn er von edlerer Natur ist, die höhere Liebe sich in ihm regt und seinen kleinen Egoismus zum Schweigen bringt, so hat er sie doch selten, oder nie in Gesellschaft, sondern in der Einsamkeit, und es trifft sich wohl, daß der, der an deiner Person, wenn er mit dir allein war, eine innige Freude hatte, und dir seine volle Achtung und Liebe bezeugte, sobald er sich mit dir in Gesellschaft befindet, Alles aufbietet, dich zu unterdrücken, und nicht neben sich aufkommen zu lassen. Mißlingt aber dem Eitlen sein Bestreben, so ist er verstimmt und voll Verdruß; er spricht entweder nicht oder in Sarkasmen, benutzt aber dabei die erste Gelegenheit, wo er sich durch feine Schmeichelei wieder heben kann. Da das Urtheil der Frauen dem Manne in der Gesellschaft äußerst wichtig seyn muß, so sucht der Eitle dieses zuerst auf alle Art für sich zu gewinnen, und im Nothfalle auch zu bestechen. Er wird daher nach nichts mehr streben als nach solchen Vorzügen, welche die Phantasie in Bewegung setzen und durch ihren Glanz blenden. Er spricht gern witzig und scherzend, und braucht das Ernste und Gemüthvolle nur als Folie für jenes. So täuscht er nicht selten auch den, der gerade nicht der von ihm zu gewinnende Gegenstand ist. Ist der Eitle nicht selbst vornehm, so schließt er sich ängstlich an Vornehme an, damit ein Theil des sie umgebenden Glanzes auch auf ihn zurückfalle, und er von dem nicht Vornehmen für eine hohe Person gehalten werde. Sorgfältig vermeidet er das Zusammentreffen mit einem Nichtdistinguirten, oder wenigstens eine vertrauliche Annäherung an denselben in der Gesellschaft, aus Furcht, man möchte ihn mit diesem in eine Klasse setzen, und diejenigen, welche ihn bisher mit ihrem ehrenden Umgange beglückt haben, möchten daran ein Aergerniß nehmen, und ihn aus ihren engeren Kreißen entfernen. Das ist denn natürlich das größte Unglück für den Eiteln.

Durch diese, wie wir glauben, nicht übertriebene Schilderung der Denkungs- und Handlungsart des Eitlen wird dessen Unfähigkeit zur Belebung und Erhöhung wahrhaft geselliger Freuden außer Zweifel gesetzt; und es ist kein Wunder, daß man in unsern Zeiten selbst da, wo man viel in Gesellschaft lebt, wie z. B. in großen Städten, so häufige Klagen über den Mangel ächter Geselligkeit hört, denn die Eitelkeit ist der herrschende Fehler des Zeitalters, und große Städte befördern seinen Wachsthum am meisten. Indessen ist die Eitelkeit beim weiblichen Geschlechte der Geselligkeit lange nicht so nachtheilig als beim männlichen, indem sie der Natur und Bestimmung desselben lange nicht so widerspricht als der des Mannes, vielmehr kann sie unter gewissen Beschränkungen ein Belebungsmittel der Freuden der Gesellschaft werden. Der feinere Sinn der Frauen läßt sie in der Regel immer eher das finden, was ihre Individualität verschönert und ihrem Wesen eine gefälligere Form giebt, und ihre Eitelkeit ist meistens dahin gerichtet, diese letztere hervorzuheben und wirksam zu machen; auch finden sie leichter das Maas und die Schranken, innerhalb welcher ihr Bestreben zu gefallen sich halten muß, wenn es nicht widrig werden soll. An dem Manne vernichtet die Eitelkeit das Edelste: Selbstständigkeit, Freiheit und die daraus entspringende Würde.

Ein anderes nicht minder bedeutendes Hinderniß der Geselligkeit ist

der Hang zur Ostentation und zum Luxus.

Wenn der Luxus, oder die vorherrschende Neigung der Menschen, im Ueberfluß der das äußere Leben verschönernden Güter zu leben, und darinnen ein vorzügliches Glück zu finden, ein Zeitalter oder ein Land einmal ergriffen hat, dann breitet er sich wie eine ansteckende Seuche aus, und dringt, gleich als hätte er die Luft verpestet, selbst in die von seinem Hauptsitze entferntesten und verborgensten Asyle natürlicher Einfalt und strenger Sitte. Man hat vielleicht dem Luxus zu viel Böses nachgesagt, vorzüglich, wenn man ihm allein den immer mehr sich zeigenden Mangel jener edlern Tugenden des Muthes, der Selbstverläugnung, der Ruhmbegierde, der Freude an einer die Gegenwart verewigenden Thätigkeit beilegt, welche in Zeitaltern, wo einfachere und strengere Sitten herrschten, häufiger gefunden wurden. Eine der Hauptursachen dieses Mangels mag er wohl seyn, allein nicht die einzige. Als ein Hinderniß wahrer Geselligkeit kann er aber deshalb betrachtet werden, weil er eines Theils die Reichen, die nicht zu erwerben brauchen um zu leben, zu sehr in Sinnlichkeit versenkt, und ihnen den Geschmack an geistigern Genüssen nach und nach benehmen muß, andern Theils aber die Nichtreichen, oder die, welche erwerben müssen um zu leben, unaufhörlich antreibt, ihren äußern Wohlstand zu erhöhen, um sich ein dem der Reichen ähnliches Loos zu bereiten, wodurch denn nothwendig gleichfalls der Sinn für die Genüsse des Geistes und seiner edlern Thätigkeit schwächer werden, und endlich verlöschen muß. Eine gewisse Beschränkung der äussern Verhältnisse des Lebens, und die dadurch erzeugte Ruhe und Zufriedenheit mit dem gegenwärtigen Besitzthume ist durchaus erforderlich, wenn der Mensch sich seiner Menschheit erfreuen und also eines wahrhaft geselligen Genusses fähig seyn soll. Wer immer nur nach Außen blickt, immer nur haben und besitzen will, immer nur sich mit Andern, die er für glücklicher hält, vergleicht, hört am Ende ganz auf Mensch zu seyn, und wird eine Art von geistiger Spinnmaschine.

Versetze dich, Freund edler Geselligkeit, um dich von der Wahrheit dessen, was wir so eben geäußert haben, ganz zu überzeugen, nur einen Augenblick in eine der Gesellschaften, wie sie sich so häufig, nicht nur in großen Städten, wo der Reichthum seinen

Sitz aufgeschlagen hat, sondern selbst in kleinen, ja auf dem Lande mitten im Schooße der Natur finden, und du wirst unbedenklich gestehen, daß die Geselligkeit dadurch keinesweges befördert werde. Oder glaubst du, daß dein Wirth diese köstlichen Verzierungen der Zimmer, diese prunkenden Hausgeräthe wirklich deshalb angebracht und aufgestellt habe, um dein Auge zu ergötzen und deinen Sinn für das Schöne zu erfreuen? glaubst du, daß er nicht einen hohen Werth auf das legt, was er mit so vielen Kosten und Anstrengungen zusammengebracht hat, und daß er dafür nicht durch deine Bewunderung belohnt seyn will? glaubst du, daß es ihm Freude machen könnte, wenn du diese Dinge, gleichgültig übersehend, dich blos an seinen Verstand, sein Herz, seine Kenntnisse halten wolltest? Glaubst du, daß er diese Menge der ausgesuchtesten Speisen und Weine habe auftragen lassen, um dir zu beweisen, daß er nichts spare, wenn es darauf ankomme, die Fröhlichkeit zu wecken, und die Lebenslust zu beflügeln, und daß er nicht vielmehr recht offenbar dich von seiner Bekanntschaft mit allen Genüssen verfeinerter Sinnlichkeit und der Möglichkeit, sich solche jeden Augenblick zu verschaffen, habe überzeugen wollen? Glaubst du, daß die Menschen, welche du beisammen findest, von ihm eingeladen wurden, weil er wußte, daß sie durch Bildung, Gesinnung und Grundsätze für einander paßten, und daß es ohne besondere Absicht geschahe, wenn du dich rings von dem Schellengeklingel vornehmer Titel umtönt findest? Kannst du aber in einer solchen Gesellschaft füglich etwas mehr thun als sehen, essen, trinken, dich verbeugen, und die Phrasen hersagen, welche dich der conventionelle Anstand gelehrt haben muß, wenn du nicht von den hochgesitteten Europäern für einen Wilden gehalten werden sollst? — Und dergleichen Gesellschaften werden nach der Versicherung aller, die die Welt kennen und in der Welt leben, täglich häufiger, ja man muß fürchten, daß endlich auch die Freundschaft, wenn sie nicht auswandern will, — und wohin sollte sie flüchten, wo sie es besser zu finden hoffen dürfte? — sich jene Fesseln wird anlegen lassen, und ihren Freudenwein aus goldenen Pokalen,, kredenzt von der Hand des Luxus und der Ueppigkeit, trinken müssen.

Noch ein anderes Hinderniß der Geselligkeit, welches wir hier nicht unberührt lassen dürfen, ist

die Unwissenheit und der Mangel an allgemeiner menschlicher Geistesbildung.

Es würde sehr traurig seyn, wenn man durchaus Gelehrsamkeit besitzen müßte, um die Freuden der Geselligkeit zu genießen; wie viel achtungs- und liebenswürdige Menschen würden dann ganz davon ausgeschlossen seyn, ja die ganze schönere Hälfte des Menschengeschlechtes könnte größtentheils gar nicht daran Theil nehmen. Nein! der Gegensatz von Unwissenheit ist hier keinesweges Gelehrsamkeit. Vielmehr sind Gelehrte selten im eigentlichen Sinne des Wortes gute Gesellschafter, da sie nur zu leicht von Aufgeblasenheit, Pedanterei und Beschränktheit der Ansichten des Lebens und seiner Verhältnisse angesteckt werden. Unter Unwissenheit wird hier verstanden gänzliche Unbekanntschaft mit dem, was Stoff zur Unterhaltung in geistreicher Gesellschaft geben kann, also mit den Künsten, der Litteratur, der Tagesgeschichte, oder der Geschichte der Vorzeit, der Länder- und Völkerkunde, der menschlichen Natur, ihren verschiedenen Anlagen, Richtungen und Aeußerungen u. s. f. Wer niemals einigen Unterricht in dergleichen Dingen empfangen oder ihn schlecht benutzt hat, steht wie ein Fremdling in den meisten Gesellschaften der gebildeten Menschheit; denn nur das Allgemeinere, das, was den Menschen als solchen interessirt, kann hier im Gespräche verhandelt werden. Die Privatverhältnisse und besondern Umgebungen jedes Einzelnen können wohl Stoff zu mancher Unterhaltung in vertraulichen Kreißen sehr naher Bekannten geben, obgleich sie auch hier bald erschöpft werden müssen; in größern Zirkeln aber, wo der Mensch nur dem Menschen gegen über steht, sind sie gar nicht oder nur unter allgemeinen Beziehungen zu Gegenständen der Unterhaltung tauglich. Wer hat nicht irgend einmal in seinem Leben die Pein empfunden, bei einem gesellschaftlichen Mahle, oder sonst der Nachbar von Jemand zu seyn, mit dem sich über Nichts als, wie man sagt, seine Hühner und Gänse sprechen läßt, und an dem alles verloren geht, was man aus dem Kreiße des eigenen Wissens hervorsucht, um eine nur einigermaßen erträgliche Unterhaltung anzuknüpfen. Demohngeachtet läugnen wir nicht, daß Menschen, auch ohne eigentliche erworbene oder erlernte Kenntnisse von der Welt und dem Leben, durch eigene Beobachtungen, Erfahrungen und Regungen ihres Innern, durch den Reichthum und die Gewandtheit ihres Geistes, eine Unterhaltung führen können, welche wahrhaft gesellige Freuden gewährt; allein solche Menschen sind selten und nicht als Regel aufzustellen.

Erziehung für die Gesellschaft.

Wenn man bedenkt, daß der Mensch seine süßesten Genüsse, seine schönsten Freuden in der Gesellschaft sucht und findet, daß er, wie in dem Vorhergehenden deutlich auseinander gesetzt worden ist, nur in der Gesellschaft und durch dieselbe den höchsten Gipfel seiner Bildung erreichen oder die eigentliche Humanität gewinnen kann, daß ihn folglich seine Bestimmung zur Gesellschaft führt, und er sich derselben aus Menschenpflicht nicht entziehen darf, so sollte man meinen, es müsse das erste und höchste Geschäft des Jugendfreundes und Erziehers seyn, seinen Zögling für die Gesellschaft zu bilden, oder ihn früh in den Stand zu setzen, der Gesellschaft das ganz zu werden, was sie von ihm erwarten muß, wenn er der in ihr und durch sie zu erreichenden Vortheile theilhaftig werden will; demohngeachtet haben sich zu allen Zeiten achtbare Stimmen hören lassen, welche behauptet haben, der Mensch dürfe nicht für die Gesellschaft gebildet werden; die volle schöne Entwickelung seiner edlern Kräfte werde durch diesen beschränkten Zweck aufgehalten, oder gar unmöglich gemacht, ja man habe den auffallenden Mangel an Größe und Freiheit des Charakters, an idealer Richtung des Sinnes und Gemüths unter den höhern Ständen unserer Zeit größtentheils diesem verkehrten Streben, den jungen Menschen nur für die Gesellschaft zu bilden, zuzuschreiben.

Unverkennbar liegt in beiden Meinungen viel Wahrheit; allein da sich auch offenbar in beiden die Extreme ausdrücken, so dürfte sich wohl ein vermittelnder Ausweg finden lassen, wodurch beide mit einander vereinigt und in Uebereinstimmung gebracht werden können.

Wenn man nämlich behauptet: der Mensch müsse für die Gesellschaft erzogen werden, wenn er anders seine Bestimmung vollkommen erreichen solle, so legt man offenbar dem Worte Gesellschaft einen andern Begriff unter, als es bei der Behauptung des Gegentheils bekommt. Man versteht nämlich dann unter Gesellschaft: die Menschheit in der Idee oder dem Innbegriff alles geistigen Lebens in der Natur, in so fern es der Menschheit angehört; und dann läßt sich gegen diese Meinung deshalb nichts einwenden, weil das Individuum nur durch das Verhältniß, in dem es zum Ganzen steht, seinen Werth bekommt, und der einzelne Mensch um so größer ist, je mehr sich die Menschheit im Allgemeinen in ihm darstellt und ausspricht. Der edlere Mensch, d. h. derjenige, der sich erhoben hat über die engen Bedürfnisse seines physischen Lebens, fühlt tief in seinem Innern das unbezwingliche Streben, sein Ich gleichsam zu erweitern und auszudehnen, oder dieses mit dem großen Ganzen der Natur und Menschheit zu verschmelzen. Allem, was menschlich ist, schlägt sympathetisch sein Herz entgegen, und die erhabensten, so wie die süßesten Gefühle, welche dieses erfüllen, werden ihm nur durch sein inniges Anschließen an die Menschheit zu Theil. Was ihn als Individuum erfreut, wird dadurch für ihn geadelt, daß er als Mensch es genießt, und je weniger ein Gut sich ausschließend besitzen läßt, desto entzükkender und wünschenswerther wird es ihm erscheinen. In liebender Vereinigung mit dem Liebenswürdigen findet er seine höchste Seligkeit. Es kann daher in der That dem Erzieher keine höhere Aufgabe gemacht werden, als den Menschen für die Menschheit oder die Gesellschaft zu bilden, denn sein ganzes Wirken und Handeln, Alles, was er als Mensch denkt, fühlt und begehrt, steht in dem unmittelbarsten, ja in einem ursprünglichen Bezuge auf das Ganze der Menschheit, welche ihm durch die Vereinigung mehrerer Individuen versinnlicht wird. In diesem

Sinne lebten alle Helden, Dichter und Weise jeder Zeit für die Gesellschaft, und wo die heilige Flamme der Menschenliebe in einem Busen erlosch, da war es immer um die schönste Blüthe des Lebens geschehen, und der Mensch vermag uns höchstens noch als ein merkwürdiger Sonderling zu interessiren Traurige Weisheit, die den Menschen Verachtung der Menschheit lehrt, und ihn glücklich zu machen meint, wenn sie ihn wie eine Raupe sich in seinem Egoismus einspinnen läßt! Nie wird er nach schöner Verwandlung, im Sonnenschein der Liebe seine glänzenden Flügel entfalten, und in süßer Trunkenheit sich erheben zu dem Urquell alles Lebens und aller Seligkeit.

Wenden wir uns aber zu der andern entgegengesetzten Meinung, daß der Mensch nicht für die Gesellschaft erzogen werden dürfe; so bemerkt man sogleich, daß hier unter Gesellschaft nicht die Menschheit im Allgemeinen, sondern eine einzelne bestimmte Abtheilung oder Klasse derselben gemeint seyn könne, daß man diejenigen Umgebungen im Sinne habe, welche sich dem Menschen zufällig anschließen, und in denen er nicht erwarten darf, die Menschheit in ihrer Reinheit und sittlichen Größe zu finden, sondern welche mehr als Produkte des Zeitgeistes alle Vorzüge und Gebrechen desselben an sich tragen. Die Gesellschaft wird ferner hier angesehen als ein bloßes Erholungsmittel, als ein Genuß, der schon als solcher nie letzter Zweck der sittlichen Bestrebungen seyn kann. Die Gesellschaft in dieser Bedeutung ist freilich schon darum dem jungen Menschen mehr gefährlich als nützlich, weil sie von ihm nicht sowohl fordert, daß er Etwas sei, als daß er es nur scheine, weil sie blos von ihm verlangt, daß er sich so zu benehmen wisse, als habe er die Vorzüge wirklich, deren Außenseite er zeigt, weil sie seine Selbstständigkeit untergräbt, ihm nur zu leicht ihre Ansichten und Grundsätze aufdringt, und so das Edelste seiner Natur, die moralische Freiheit, vernichtet. Menschen, welche immer in der Gesellschaft und für dieselbe leben, sind selten mehr als was diese begehrt, Geschöpfe ihrer Gunst und Laune, meistens unfähig zu dem wahrhaft Großen und Edlen, zu dem freien Aufschauen in die Welt der Ideale, zu ächter Begeisterung.

Der Mensch darf also weder für eine bestimmte Gesellschaft, noch für die Gesellschaft, in so fern sie bloß als eine Erholung oder ein Genuß betrachtet wird, noch weniger ausschließend für die Gesellschaft erzogen werden; allein da er gleichwohl in der Wirklichkeit nicht die Menschheit in der Idee antrifft, sondern immer in bestimmte Gesellschaften treten muß, welche mehr oder weniger von dem Ideale entfernt sind, das der freie nach dem Wahren, Schönen und Guten gerichtete Geist sich schafft, also nicht die besten heißen können, so fragt es sich, wie kann der junge Mensch für diese Gesellschaft gebildet werden, ohne daß er sein Leben in der Menschheit und für dieselbe aufzugeben braucht?

Man kann darauf antworten: der Erzieher lehre den Zögling in der schlechtern Gesellschaft die bessere, oder in dem Individuum immer den Menschen erblicken. Dieß scheint auf den ersten Anblick eine schwere, wo nicht ganz unmögliche Aufgabe zu seyn; denn wie soll man Jemanden gewöhnen können, da Vollkommenheiten zu sehen, wo Fehler sind, und Vorzüge zu ahnden, wo sich offenbare Mängel zeigen? allein man setze nur voraus, daß der junge Mensch Andere immer zuerst nach sich beurtheilt, ihnen seine Gesinnung und Denkart unterlegt, daß es ihm an Erfahrung und Menschenkenntniß im Einzelnen fehlt, daß er daher leicht den Schein für die Wahrheit nimmt, und die Formen des gesellschaftlichen Lebens für den wahren Ausdruck der innern Menschheit zu halten geneigt seyn muß, und man wird zugeben, daß er leicht dahin gebracht werden könne, auch wenn sich Fehler und Mängel seinen Augen gleichsam aufdringen, dieselben schnell an sich vorübergehn zu lassen, und auf dem zu verweilen, was seinem edlern Wesen entspricht, ihm achtungs- und liebenswürdig erscheint. Gewohnt, überall auf den Vorzügen und Vollkommenheiten der Gegenstände, welche die Welt für ihn ausmachen, zu verweilen, und Gebrechen und Fehler, ja selbst Laster nur als seltene Ausnahmen zu betrachten, die im Plan der ewigen Weisheit gleichfalls nothwendig waren, wenn sie gleich dem Menschen von seinem Standpunkte aus und nach der seinem Handeln vorgeschriebenen Maxime immer als tadelns- und hassenswürdig erscheinen müssen, wird er auch in der Gesellschaft, wo man wenigstens den Schein der edlern Menschheit ehrt, oder doch nicht geradezu beleidigt und verhöhnt, sich leicht an die schönere Seite halten, und so sein Herz vor der ihn sonst unvermeidlich ergreifenden Menschenverachtung verwahren lernen. Daß aber diese Gewöhnung in dem Schlechtern das Bessere zu sehen, und in dem mangelhaften Individuum den vollkommenern Menschen zu ehren und zu lieben, dem, der in die Gesellschaft tritt, nicht geradezu nachtheilig werde, wird dadurch verbürgt, daß der edle Jüngling seine schöne Natur ohne Gefahr frei darlegen kann und darf, weil auch der Schlechte für gut gehalten seyn will, und das anspruchlose Erscheinen des Vollkommnen so leicht Niemanden zum Haß entflammt, der nicht auf der niedrigsten Stufe der Menschheit steht und ein wahrer Bösewicht ist. Behutsamkeit und Vorsicht bei der Mittheilung dessen, was ihm ganz individuell eigen ist, und sich auf seine besondern Lebensverhältnisse bezieht, mag ihm der Lehrer immerhin zur Begleitung der Offenheit und Freiheit in der Entfaltung seines Innern geben; denn jenes ist an sich selten zur Mittheilung in den geselligen Zirkeln, wo ein wahrhaft guter Ton herrscht, geeignet, und vor einem zu vertraulichen Hingeben darf ihn der Lehrer in der größeren Gesellschaft um so eher warnen, weil dieses ihn hier nebst den Freunden, die er besonders begünstigte und vorzöge, isoliren, folglich dem Grundgesetze des geselligen Verkehrs entgegen seyn würde. Jener reine göttliche Genuß, den der höhere Mensch in dem innigen Verschmelzen zweier gleichgestimmten liebenden Herzen findet, darf nicht in der größern Gesellschaft gesucht werden, sondern gehört wie die Andacht und die Liebe, für die Einsamkeit.

Uebrigens ist die Maxime, die Menschen immer für besser zu halten als sie sind, und auch dem eine gewisse Achtung zu bezeigen, der vielleicht nicht darauf Anspruch machen könnte, dem Jünglinge schon deßhalb nicht gefährlich, weil er noch in keinen verwickelten Lebenslagen steht und keine Verhältnisse angeknüpft hat, welche Schlauheit oder wenigstens verfeinerte Klugheit erfordern. Ein junger Mensch, der Mißtrauen und Argwohn zeigt, macht auch nie einen günstigen Eindruck und gewinnt selbst die Bessern nicht, dahingegen Offenheit, Vertrauen und Liebe zur Menschheit ihm jedes Herz geneigt machen werden. Er darf und muß Vorzüge entbehren, welche nur bittere Erfahrungen geben können, um durch die, welche ihm die Natur verlieh, desto sicherer und bedeutender zu wirken. Um sich von der Richtigkeit dieser Ansichten zu überzeugen, denke man sich einen im gewöhnlichen Sinne für die Gesellschaft gebildeten jungen Menschen. Mit einer von Manchen liebenswürdig genannten Freiheit, oder vielmehr Frechheit, tritt er in den Kreiß der Gesellschaft; denn er hat gehört, man dürfe sich in der großen Welt durchaus nicht merken lassen, daß man etwas bewundere oder über etwas erstaune, und der Schein von Verlegenheit oder Befangenheit mache, daß die Gesellschaft auf Mangel an Geist und Beschränktheit der Lebensverhältnisse schließe, welche ihm nicht erlaubt hätten, öfters in Gesellschaft zu seyn. Mit keckem Selbstvertrauen knüpft er daher mit Männern und Frauen sogleich die Unterredung an, kritisirt hier den Plan eines Staatsmannes oder Feldherrn, schwatzt dort über neue Moden oder kleine Intriguen, setzt sich Stunden lang an den Spieltisch, und versichert, daß er keine interessantere Unterhaltung kenne als eine L'Hombrepartie, oder tanzt mit nachlässiger Grazie, wie er meint, so daß es scheint als betrachte er dieses Vergnügen nur als eine gesunde Leibesbewegung, oder als wolle er zeigen, daß er unerschöpflich an körperlicher Kraft sei. Den Damen sagt er entweder die gröbsten Schmeicheleien geradezu ins Gesicht, oder meint sie durch affektirte Kälte und satyrische Laune zu necken. Er äußert auch wohl geradezu, daß des Weibes Name Gebrechlichkeit sei, und er es lächerlich finde, sich zu verlieben. Er spottet über die Blödigkeit der armen Schäfer, welche mit schmachtender Sehnsucht oder scheuer Verehrung ihre Erkohrne nur in der Ferne anzuschauen wagen, und vielleicht in einem ihrer milden Blicke, einem Drucke ihrer weichen Hand, die höchste Seligkeit finden. Da er gehört hat, daß man in der Gesellschaft nicht philosophiren oder ein tiefgreifendes Gespräch führen dürfe, weil dieses einen Anstrich von Pedanterei gebe, so schwatzt er über tausenderlei Dinge in einem Athem, und wirft nur halbverdaute Gedanken hin, welche er vielleicht aus Zeitungen und Journalen in der Eil zusammen gelesen hat, überzeugt, daß man nun von der Universalität seiner Bildung vollkommen überzeugt seyn müsse. Seine tiefste Gelehrsamkeit zeigt er bei Tische, wo er die Speisen mit einer Kennerzunge prüft, und bestimmt anzugeben weiß, auf welchem Wege man die besten Weine haben könne. Seine Urtheile belegt er hier mit Erfahrungen, und nennt in einem Athem alle vornehme Häuser der Stadt, wo er oft zu speisen pflege.

Ich frage euch, die ihr einen solchen Jüngling liebenswürdig nennet, vorzüglich euch, Frauen, auf euer Gewissen, ob ihr glaubt, daß er selbst in der Gesellschaft, wie sie gewöhnlich ist, viel Glück machen werde, und ob nicht doch die Meisten, sogar der Verbildetsten, eine solche Karrikatur widrig finden dürften?

Unterschiede in der Gesellschaft, bestimmt durch die Natur, die Mode oder Convention. Feinere Zirkel. Die gute Gesellschaft. Vornehme und Gemeine.

Obgleich der Hauptzweck der Gesellschaft liebende Vereinigung in dem gemeinsamen Bewußtseyn der Menschheit oder dessen, was den Adel des Menschen, sein innerstes Seyn und Leben ausmacht, ist und seyn muß, folglich der Werth jedes Gesellschaftsgliedes nur nach dem Maße beurtheilt werden sollte, nach dem es im Stande ist, zu Belebung und Erhöhung jenes Gefühls und Bewußtseyns durch Entfaltung seiner Eigenthümlichkeit beizutragen, so findet man doch, daß in der Gesellschaft, wie sie gewöhnlich ist, darauf allein keinesweges Rücksicht genommen wird, sondern vielmehr gewisse Unterschiede gebildet worden sind, zu denen die Natur oder die Bestimmung der Gesellschaft nicht nur keine Veranlassung gegeben hat, sondern welche vielmehr der Erreichung des wahren Zweckes derselben hinderlich sind; daher haben wir jene Unterschiede in den geselligen Zirkeln in zwei Klassen getheilt, solche nämlich, welche die Natur selbst herbeiführt, und solche, welche die Willkühr oder eine falsche Ansicht von der Bestimmung der Gesellschaft erzeugt hat. Worauf die erstern beruhen, ist bereits bemerkt worden. Es sollte nämlich eigentlich nur der Grad humaner Bildung, oder die entweder ursprünglich sich vorfindenden, oder durch Erziehung und eigene Thätigkeit erworbene Richtung des Geistes und Gemüths als Scheidungsgrund der Gesellschaftsglieder in Klassen angenommen werden. Man hat schon längst die Menschen in poetische und prosaische abgetheilt; eine Abtheilung, worüber man zum Theil gespöttelt hat, welche aber einen tiefen und sichern von der Natur selbst bestimmten Grund hat. Poetisch nennt man nämlich denjenigen Menschen, dessen Sinn und Gemüth auf das Ideale gerichtet ist, der den

Zweck seines Daseyns in dem Streben nach Verwirklichung von Ideen findet, und in dem Allgemeinen der Menschheit, in dem großen Ganzen der Natur zu leben gewohnt ist. Sein höchstes Glück, seine reinste Freude findet er in der Erhebung seines Gemüthes zu dem Schönen, Wahren und Guten. Jeder Genuß des Lebens ist ihm nur insofern wünschenswerth, als er jene Erhebung seines Gemüths befördert, und ihm dasjenige vergessen macht, was an die Beschränkung seines höhern Lebens durch den Drang oder die Reizung blos sinnlicher Triebe erinnert. Weit entfernt, den Sinnengenuß zu verschmähen oder seiner ganz unwerth zu finden, weiß er ihn vielmehr mit einem gewissen Adel auszustatten, mit einem gewissen Glanze zu umgeben, indem er ihn durch seine Alles verschönernde Phantasie mit den edlern Gefühlen des Herzens in reizende Beziehungen setzt. Mit 'weiser Lebenskunst bricht er sich von allem Daseyn die Blüthe ab, und statt im Genusse den Gegenstand zu zerstören, verjüngt er ihn vielmehr durch die Fülle seines eigenen Lebens, das er auf ihn überströmt. So ist der poetische Mensch Bürger zweier Welten, die durch ihn in einer vielen unmöglich scheinenden Gemeinschaft erscheinen.

Ihm entgegen steht der prosaische Mensch. In den Beschränkungen des gewöhnlichen Lebens verweilend, und in den Dingen, welche ihn umgeben, oder zum Genuß einladen, nichts weiter findend und ahndend, als was entweder sinnliche Wahrnehmung oder der nüchtern berechnende Verstand ihm zeigt, hat er nicht die mindeste Ahndung von Freuden, welche sich der Geist durch die Bildung schöner Ideale oder Belebung des Bewußtseyns seiner höhern Natur verschafft. Aller Selbstthätigkeit der Phantasie entbehrend, hält er jedes Gefühl, wovon er die Veranlassung nicht aus der ihm bekannten Seite der Natur, oder durch den ihn allein beseelenden Verstand erklären kann, für Schwärmerei, und daher des Spottes werth; und so wie für die poetischen Naturen das

Schöne und Gute, oder Liebe und Religion, die Pole sind, nach denen sich ihr Gemüth in unaufhörlichem Streben wendet, so sind dieß für die prosaischen das Angenehme und Nützliche.

Um nicht mißverstanden zu werden von denen, welchen der Zweck dieser Eintheilung nicht auch die Rechtfertigung derselben seyn möchte, bemerken wir blos, daß dadurch keinesweges auch ein Unterschied in dem moralischen Werthe beider Menschenklassen begründet werden soll, ja daß die Erfahrung beweißt, wie sich unter den prosaischen Naturen viel vortreffliche und tugendhafte Menschen befinden; wiewohl doch nicht zu läugnen ist, daß ein der Tugend ganz geheiligtes Gemüth auch immer einige Anlage zur Poesie des Lebens verräth, dahingegen eine unedle Gesinnung, ein sittlich verderbtes Gemüth für die edelsten und zartesten Reize der Poesie immer unempfänglich bleiben wird.

Man sieht übrigens leicht, daß diese beiden einander so scharf entgegengesetzten Naturen sich zu einer wahren Gesellschaft — so wie der Begriff desselben gleich im Eingange dieser Schrift bestimmt worden ist — unmöglich vereinigen können. Allein man hüte sich ja, die poetischen Menschen ausschließend in der Klasse der sogenannten Gebildeten, oder der feinen und eleganten Welt zu suchen und in den niedern Ständen nur die Prosa des Lebens zu vermuthen. Vielmehr möchte wohl die Bildung, die sich heut zu Tage unter den Vornehmen zeigt, der Poesie des Herzens und Lebens gerade entgegen wirken, und die Geringen oder Nichtvornehmen die Keime treuer bewahren, aus denen sich jene reizende Blüthe der Menschheit entwickelt.

Die durch Mode nnd Konvention gebildeten Unterschiede in der Gesellschaft gründen sich auf die Absonderung der Stände; denn Reichthum und Armuth machen nur insofern einen Unterschied, als der erstere gemeiniglich seinen Besitzer die Anmaßung giebt, sich zu den höhern Ständen zu rechnen, und diese Anmaßung von den letztern meistens deshalb anerkannt wird, weil sie sich des fremden Reichthums zu ihren eigenen Ergötzlichkeiten wohl zu bedienen wissen. Der Unterschied der Stände aber gründet sich zuletzt wieder auf den in der Natur sich vorfindenden Unterschied der eben beschriebenen poetischen und prosaischen Naturen; wenigstens wollen doch die, welche sich zu den höhern Ständen rechnen, von sich glauben machen, daß ihr ganzes Wesen einen gewissen Adel an sich trage, daß sie eine feinere Geistesbildung, edlere Neigungen, gewähltere Vergnügungen besitzen, als die von ihnen nicht selten mit ungerechter und lächerlicher Verachtung behandelten gemeinen oder niedern Stände.

Vornehme und Gemeine.

Mit dem Worte vornehm verbindet man im gewöhnlichen Leben den Begriff einer Person vom Stande, einer sogenannten distinguirten Person; allein genau genommen ist zwischen einem vornehmen Manne, und einem Manne vom Stande noch ein großer Unterschied. Man kann das letztere ohne das erstere seyn, oder man kann trotz des Ranges, wodurch man über die geringern Stände erhoben wird, viel Gemeinheit an sich tragen, ein ganz gemeiner Mensch seyn, und die tägliche Erfahrung stellt uns davon eine nicht unbeträchtliche Menge von Beispielen auf. Nirgends ist wohl der wahre Begriff des vornehmen Wesens so bestimmt und umfassend dargestellt worden als in den reisenden Mahlern von Wagner, 1. Theil, S. 299. u. f. Wir setzen deßhalb die Stellen, die diesen Begriff betreffen, vollständig hier her:

„Um den Begriff des wahren Vornehmseyns zu fassen, müssen wir uns vor allen Dingen Standeshoheit, Geburt, Tugenden und Glücksumstände völlig wegdenken, denn sie sind an sich keine nothwendigen Bedingungen des Vornehmen, sondern nur oft vorkommende Eigenschaften und Hülfsmittel dazu. Das Vornehmthun oder scheinen enthält eine uninteressante oft widrige und lächerliche Prätension; das Vornehm seyn aber ist schon ein ernsthaftes und wohlgefälliges Postulat des Würdigen und Edlen.

„Der Vornehme scheint in der Gesellschaftsreihe aus Zufall voranzugehen; er nimmt aus Gewohnheit den ersten Platz ein, wenn er ihm gebührt; dort ist er gern gesehen. Der Gemeine drängt sich noch auf den untersten Plätzen vor; man lächelt über ihn, selbst wenn er auf dem letzten steht, und wünscht ihm ein besseres Betragen. Beim großen Gastmahle nimmt der Vornehme die feinsten Speisen an; vom strengen Leibgerichte redet er wie von einer Schwachheit; man setzt es ihm vor, aber nur wie im Scherz, und überreicht es wenigstens in einer eleganten Schale. Der Gemeine behauptet: „es esse sich am besten auf irdener Schüssel auf ungedecktem Tische."

„Der Vornehme will nichts als ein bedeutendes Mitglied der Gesellschaft seyn, (nämlich der conventionellen,) dadurch macht er sich in der Stille zu ihrem Könige. Indem er nur, wie jedes Glied, die gegenwärtige oder vielmehr eine andere noch vornehmere Gesellschaft repräsentiren will, achtet ihn wenigstens die anwesende dankbar für den Anführer. Sobald dieser den Saal verlassen hat, fühlen sich die Gemeinen frei, glauben lauter reden zu dürfen, unternehmen es auch zu repräsentiren, und werden dadurch possirlich. Sie wollen imponiren, und die gemischte Gesellschaft wird endlich über sie lachen als wären sie Thoren. Während dessen aber glaubt man den abgegangenen Vornehmen immer noch im Hintergrunde zu sehen. — Der Vornehme drückt sich behutsam und allgemein aus. Es ist schwer, dem Vornehmen eine Beleidigung anzuthun, weil er sich nur der Strafe, niemals der Beleidigung werth machen kann. Wer in der Uebereilung etwas Selbstbeschämendes redet, sieht sich gewiß in diesem Momente von keinem Vornehmen angeblickt; es geschähe denn aus Neugierde, wenn dieser den Fehlenden nicht kennt, oder ihn aus der Stimme nicht sogleich errathen konnte. Der Gemeine schaut ihm gerade ins Angesicht, und kann sich des Lachens kaum erwehren. — Der Vornehme billigt im Gespräche der Versammlung keine Persönlichkeit, und weiß die gegen ihn selbst gerichtete durch Ernst und Klugheit zu verhüten. Der Gemeine beklatscht jede, zieht die zweideutige selbst auf sich und vertheidigt sich darüber mitten im Zirkel. Indem der Vornehme im Umgange alles Unschickliche vermeidet, wird er sehr oft das Würdige desto leichter finden. — Er darf nie Etwas gut heißen, was wider die Gesetze des Tones und der gesellschaftlichen Uebereinkunft läuft; selbst der trefflichste Witz, der aber diese Gesetze übertritt, darf ihm kaum ein zweideutiges Lächeln abgewinnen, wäre auch sein Herz darüber innig erfreut. — Seine Leidenschaften trägt der Gemeine zur Schau; der Vornehme zeigt sie nie, er äußert keinen Haß; nur leichte Verachtung; nie zeigt er Liebe und Bewunderung, nur Freundlichkeit und Aufmerksamkeit, höchstens Anhänglichkeit und lebhafte Billigung; nie wird er im Zorne aufbrausen, sondern nur im hohen Grade mißbilligen; kein Hochgefühl darf ihn hinreißen, keine Fühllosigkeit erniedrigen; sobald der Affekt ihm zu nahen droht, wirft er sich vor dem Angesichte der Welt in die Stellung der ewigen Regel zurück. — —

„Nur in der Gesellschaft kann und muß er der vornehme Mann seyn, und zwar in jeder, selbst in der Gesellschaft seines Bedienten, weil dieser ja ausplaudern könnte; aber in jeder Gesellschaft beträgt er sich natürlicher Weise nach eigenen Regeln. — Als vornehmer Mensch braucht er zwar noch nicht ein Gelehrter oder Künstler zu seyn, aber er muß nothwendig Alles das, womit Unwissenheit und Ungeschick sich lächerlich machen, kennen und vermeiden, und dieses da, wo es gerade gilt, aufzufinden und zu belächeln wissen. Die Gesellschaft muß auf sein Urtheil, selbst über das Wichtigste und Größte, jederzeit begierig seyn; dieses muß dann nicht nothwendig so ausfallen, daß es die Sache selbst erschöpft, aber immer so, daß die meisten Menschen seines Kreißes bei dem beständigen Glauben erhalten werden: wenn er wollte, Zeit hätte, mehr Veranlassung bekäme u. s. f. so würde man vielleicht unter allen von ihm das Beste hören. Seine Mienen müssen in den Augen des aufmerksamen Beobachters der Probierstein für alle Sätze seyn, welche die Gesellschaft vorbringt und in ihre Unterhaltung zieht. Brächte ein Mitglied wahre Absurditäten auf, so müßte er diese völlig überhören zu wollen scheinen!"

„Bei der Vernachlässigung dieser Regeln fährt der Verf. fort, kann der Mensch zwar immer eine hohe, große, reiche, gelehrte, geschickte, edle, ehr- und liebenswürdige, aber nie eine vornehme Person im höchsten Sinne des Wortes seyn. — Allen jetzt genannten Eigenschaften hingegen vermag er durch das Vornehme noch einen neuen Werth, die schöne Form, zu geben."

Aus dieser Schilderung des Vornehmseyns oder vornehmen Betragens, welche gewiß Alles erschöpft, was sich zu Bestimmung dieses Begriffs sagen läßt, geht aber so viel hervor: daß die Gesetze der conventionellen Gesellschaft — denn nur in dieser findet man Vornehme und Nichtvornehme — keinesweges den Gesetzen der natürlichen widersprechen dürfen, daß also auch hier die Willkühr unter der Herrschaft der Vernunft und Natur steht; daß die angenommene Form, in der die höhere bürgerliche Welt in der Gesellschaft sich darstellt, nichts anders ist als Nachahmung des schönen Scheines oder der schönen Erscheinung der edlern Menschheit selbst, daß folglich der Mensch überall, wo er einen feinern Lebensgenuß sucht und sich verschaffen will, der Wahrheit und Natur wenigstens scheinbar huldigen, und sich derselben nähern muß. Abgerechnet das mit dem vornehmen Betragen verbundene Bestreben, den ersten Platz zu behaupten, oder sich zu erringen, folglich eine Art von Herrschaft über die übrigen Gesellschaftsglieder sich anzumaßen — welches freilich mit der Natur einer ächt humanen Gesellschaft, wie wir sie immerfort bei diesen Untersuchungen im Auge gehabt haben, nicht übereinstimmt — wird derjenige, welcher die Menschheit in sich zu einer edlen Ausbildung erhoben hat, am leichtesten auch da, wo es nöthig ist, ein vornehmes Betragen annehmen können; dahingegen der ganz rohe innerlich gemeine Mensch nie dahin kommen wird, seine Natur so zu verbergen, daß sie nicht wider seinen Willen, unerwartet zuweilen hervorschiene. So wie man sich oft gewundert hat, warum der moralisch schlechte Mensch, dem es so unendliche Mühe kostet, den Schein des Guten zu erhalten, nicht lieber sich bemüht, selbst gut zu werden, so dürfte man sich billig auch wundern, warum die, welche gern für vornehm gehalten seyn möchten, oder es wirklich sind, nicht lieber sich bestreben, ihr Inneres groß und edel zu bilden, statt daß sie mit unendlichem Aufwande sich in eine ihnen ursprünglich fremde Form willkührlich hineinzwingen; wenn man nicht wüßte, daß die meisten Menschen einen unsichern aber kürzern Weg zum Ziele immer einem sicherern aber längern vorzuziehen pflegen.

Ein mit dem vornehmen Betragen eng verbundener Begriff, dessen auch schon im Vorhergehenden gedacht worden, ist der der Repräsentation. Der Vornehme repräsentirt gern und immer. Wir haben nämlich in der angeführten Schilderung seiner Eigenthümlichkeiten gefunden, daß er nach nichts mehr strebe als dem geselligen Zirkel, in dem er erscheint, einen recht hohen Begriff von dem Werthe seiner Person beizubringen, daß er sich immer gern eine Stufe höher stelle, als die, mit denen er gerade umgeht, sobald dieß nicht das äußere Rangverhältniß geradezu unmöglich macht. Er beobachtet daher in seinen Manieren immer etwas Feierliches, Zurückhaltendes, Verschlossenes,, er vermeidet auf alle Weise das

Hingebende, Offene, Vertrauliche, er wacht sorgfältig darüber, daß sich Niemand eine Verletzung der seinem Stande gebührenden Achtung und Ehrfurcht erlaube, ohne doch dabei den Schein zu haben, als wenn er um seiner selbst willen also handelte. Er deutet überall an, daß er sich nichts vergeben dürfe, weil er sich einer Art von Verantwortlichkeit bei dem aussetzen würde, als dessen Repräsentant oder Stellvertreter er erscheint. Aber wen repräsentirt denn der Vornehme? Niemand Geringeres als den ganzen Stand, zu dem er sich rechnet, oder den höhern geselligen Zirkel, in dem er gewöhnlich lebt, und aus dem er eben getreten ist, um in demjenigen zu erscheinen, wo er repräsentirt.

Das Wort, welches man zu Bezeichnung dieses feierlichen, steifen Betragens gewählt hat, ist, dünkt mich, eines der passendsten, die man dafür auffinden konnte; denn wenn man das Bild des Gesandten, oder Stellvertreters einer Nation, oder eines

Fürsten sich recht lebendig ausmahlen will, so muß man die bemerkten Züge des repräsentirenden Betragens in dasselbe aufnehmen.

Man sieht leicht, daß das Repräsentiren eigentlich nur in Prunkgesellschaften paßt, und dem Begriffe eines geselligen Zirkels, der den eigentlichen Zweck der Gesellschaft, Belebung und Erhöhung des Bewußtseyns der schönern Menschheit durch freie Mittheilung der individuellen Natur jedes Einzelnen erreichen will, geradezu widerspricht. In diesem nämlich geht das Vornehme in das Edle, das Anständige in das Schöne, das Rücksichtsvolle in das Zarte und Humane, das Verschlossene in das Bescheidne über — mit einem Worte, die nachgeahmte fremde, daher steife und seelenlose Form, wird hier durch den Geist und die Seele idealer Menschheit belebt.

So wenig diesem allen zu Folge, der, in dessen Busen das wahrhaft ideale Bild vollendeter Menschheit lebt, den Vornehmen überall zum Muster im geselligen Betragen nehmen wird; so wird er ihn doch auch auf keine Weise in der Erscheinung widrig oder lächerlich finden. Allein im höchsten Grade ist dieß der Affe desselben, der Gemeine, der sich bestrebt, vornehm zu scheinen. Man findet dergleichen Karrikaturen am häufigsten da, wo der Reichthum mit den Standesverhältnissen um den Vorzug ringt, und wo man sich einbildet, alles Edle und Große im Leben mit Golde aufwiegen zu können.

Feine Zirkel.

Es kann eine Gesellschaft mit vollem Rechte den Namen einer guten verdienen, die Mitglieder derselben können Leben und Heiterkeit, Frohsinn und mannichfache Unterhaltung, jedes nach dem Maße seiner Kraft und Bildung, zu verbreiten wissen, man kann sich wohl fühlen, einen hohen Genuß finden in dieser Umgebung, und doch kann dem Betragen dieser Menschen das fehlen, was man eigentlich Feinheit des Umgangs oder des geselligen Benehmens nennt. Diese Feinheit nämlich besteht in der Geschicklichkeit, solche Verhältnisse und Beziehungen der Gesellschaftsglieder untereinander, solche besondere individuelle Zustände und Eigenschaften dessen, mit dem man umgeht, wahrzunehmen und aufzufassen, welche den Blicken der meisten Menschen entgehen, oder von denselben der Beobachtung nicht werth gefunden werden, und dieser Wahrnehmung gemäß sich zu äußern oder sein Betragen einzurichten. Die Feinheit des Betragens kann in der Regel nicht erwartet werden, weil ein besonderer Grad von Scharfsicht, oder ein vorzüglich zarter und leiser Takt dabei vorausgesetzt werden muß. Sie ist eine schöne Zugabe, welche mit Dank angenommen zu werden verdient, weil sie die Freuden der Gesellschaft ungemein zu erhöhen vermag. Sie wirkt wie eine angenehme

Ueberraschung, erheiternd und erweckend für Alle, welche sie zu verstehen und zu schätzen wissen. Allein sie kann auch leicht zu weit getrieben werden, und dann artet sie in ängstliche Behutsamkeit, in affektirte Delikatesse, in weichliche Sentimentalität aus, und wirkt erschlaffend und peinlich auf den geselligen Zirkel. Wo zu viele Rücksichten genommen werden, muß der Verstand den Meister spielen, und unter seiner strengen Aufsicht wagt die muntere Laune, die fröhliche Lebenslust nicht ihre freie Regsamkeit, ihr unschuldiges, aber oft keckes Spiel zu entfalten. Es müssen sich in der Gesellschaft wie im Leben zuweilen heftigere Erschütterungen einstellen, und Erscheinungen sich zeigen, welche mit einer Anfangs nicht sanft berührenden oder schmeichelnden Einwirkung das dem Ermatten nahe, tiefere Lebensgefühl anregen und durch Widerstand die Kraft stärken.

Die Feinheit des Betragens zeigt sich theils in Unterlassung dessen, was man den Regeln einer guten Gesellschaft gemäß, wohl thun könnte, aus der Absicht, einem oder mehrern Individuen des geselligen Kreißes eine ungeahndete angenehme Empfindung zu bereiten; theils in Erzeugung und Herbeiführung einer angenehmen Situation für einen Dritten, worauf derselbe nicht rechnen konnte. Man könnte jene die negative, diese die positive Feinheit nennen. Wenn ich z. B. veranlaßt werde, von einem großen Glücke, das mir widerfahren ist, welches aber einem in der Gesellschaft entweder entzogen wurde, oder wonach er vergebens gestrebt hat, zu sprechen, und ich bediene mich dabei, gegen meine Neigung, so wenig lebhafter Farben, daß dieses Glück gleichsam verschleiert oder nur im Dämmerlichte vor die Phantasie der Zuhörer tritt, blos um den Schmerz dessen, der es entbehren muß, nicht in seiner ganzen Stärke zu wecken, so ist dieses eine Feinheit, welche, so bald sie erkannt wird, eine freudige Ueberraschung erzeugt, und etwas Besänftigendes, Beruhigendes für das schmerzlich gereizte Gefühl mit sich führt. Es ist aber eine negative Feinheit. Ein Beispiel von positiver Feinheit aber möchte vielleicht folgendes seyn: Es hat sich Jemand in einer Gesellschaft zu einer Unbesonnenheit oder solchen Handlung verleiten lassen, welche an sich zwar unschuldig ist, aber an dem Individuum deshalb getadelt wird, weil man glaubt, er habe sich damit eine Erlaubniß genommen, die sich kein anderes in seinen Verhältnissen nehmen würde. Ich, der ich dieselben Verhältnisse wie der Getadelte zu ehren habe, bemerke die Verlegenheit desselben, welche durch das Gefühl des Alleinstehens noch vermehrt wird. Um ihn jenem Tadel zu entziehen, lasse ich mich scheinbar zu derselben Handlung hinreißen, oder begehe sie eigentlich mit klarer Besonnenheit. Auf diese Art habe ich ihn gerettet, indem ich mich selbst Preiß gab. Dieses ist eine Feinheit des geselligen Benehmens, welche gewiß das höchste Lob verdient.

Aus diesen angeführten Beispielen aber ersieht man zugleich, daß ein solcher feiner

Zug nicht gesucht oder studirt erscheinen darf, sondern als etwas Natürliches und Gewöhnliches in die Augen fallen muß, denn sonst würde er mehr drücken als erfreuen, mehr verlegen machen als ermuntern. Und dieses ist denn nicht selten der Fall bei Menschen, welche gern für fein gehalten seyn möchten, und es doch nicht sind, noch ihrer Natur nach seyn können. Auch hüte man sich ja, Ansprüche auf Feinheit des Betragens bei Andern zu machen, weil man Schüchternheit und Aengstlichkeit dadurch erzeugen kann.

Ton der Gesellschaft.

Wo findet sich der beste? — Residenzstädte, Handelsstädte, kleine Städte, das Land.

Schon in den frühesten Zeiten der Welt hat man sich Vieles erzählt von der wunderähnlichen Macht der Töne. Orpheus zwang durch sein Saitenspiel und seinen Gesang die Wälder, ihm zu folgen, Theben wurde durch den Zauber der Töne erbaut, und Arion besänftigte und entzückte durch sein Tonspiel die Ungeheuer des Meeres. Was weder Vorstellungen noch Bitten, weder Drohungen noch Versprechen bewirkten, wurde durch ein Lied bewirkt; der Feige ward tapfer, der Erschrockne muthig, wenn der Schlachtgesang ertönte, und Tyrtäus schlug durch seine Gesänge den Feind. Noch in unsern Zeiten sagte der gefühlvolle Klopstock zu dem Komponisten der Marseiller Hymne: „Sie sind ein furchtbarer Mann, Sie haben durch Ihre Töne hundert tausend tapfere Deutsche geschlagen.“ Alle jene alten Sagen, diese Aeußerungen der neuern Zeiten, worauf gründen sie sich anders als darauf, daß man bemerkte, es könne durch den Ton der aus der Menschenbrust hervorgeht — denn nach diesem sind erst andere Töne gebildet worden — Etwas dargestellt und ausgedrückt werden, was in keinem andern sinnlich wahrnehmbaren Zeichen der Körperwelt erscheinen könne; dieses aber sind die leisen sten, feinsten, innersten Regungen des Gemüths; man fühlte, daß in dem Tone die Seele gleichsam lebe, und unmittelbar zur verwandten Seele spreche; man erkannte, daß der Ton, der Freude und Schmerz, Liebe und Haß bezeichnet, nicht nachgeahmt, nicht erkünstelt werden könne, und daß der tiefste Charakter, die feinste Eigenthümlichkeit des Gedankens und Gefühls nur durch den Ton zur Darstellung gelangen könne. Daher brauchte man denn auch späterhin das Wort Ton zu Bezeichnung des Grundcharakters irgend einer Erscheinung der physischen und moralischen Welt, vorzüglich insofern derselbe durch zarte und feine Nüancen und Bestimmungen sich zu erkennen giebt. So spricht man vom Ton der Farben, vom Ton einer Schrift, vom Ton der Gesellschaft und dergl. Wir bleiben hier bei dem gesellschaftlichen Tone stehen. Unter diesem versteht man nämlich, dem Obigen zufolge, den in einem geselligen Kreiße herrschenden Geist, den innersten eigenthümlichen Charakter desselben. Man nennt diesen Ton, weil er sich nur durch feine, leise Züge, durch zarte, nur dem gebildetern und im Auffassen geübtern Sinne als ein Ganzes erscheinende Bestimmungen offenbart. Nicht die äußern Formen sind es allein, die den Ton der Gesellschaft bestimmen, vielmehr richten sich diese immer nach den in der ganzen geselligen Welt angenommenen Grundsätzen. Der Grund des Tones der Gesellschaft liegt tiefer, und geht aus den besondern Ansichten des Lebens und der Welt, aus der Richtung, welche die geistige Bildung der Gesellschaftsglieder erhalten hat, hervor. Er äußert sich besonders in der Art und Weise, wie man die wichtigsten Gegenstände der Menschheit, die zartesten oder bedeutendsten Verhältnisse des Lebens behandelt, und je nachdem diese Art und Weise mit der Sittlichkeit, mit den Grundgesetzen edler Menschheit übereinstimmt oder nicht, ist der Ton eigentlich gut zu nennen oder schlecht. Man kann daher einen wahrhaft guten Ton in den Gesellschaften der niedern Stände, und einen schlechten in denen der höhern finden. Der beste aber wird allemal da angetroffen werden, wo die feinste und edelste sittliche Bildung mit Bildung des Geistes und der Geschicklichkeit, sich in den conventionellen Formen des geselligen Lebens leicht und frei zu bewegen, vereinigt erscheint.

Die Frauen machen in der Gesellschaft der gebildeten Welt unserer Zeit ohnstreitig einen der Hauptreize aus, allein sie vermögen dieß nur insofern, als sie von den Männern mit derjenigen zarten Achtung und Schonung behandelt werden, welche die Sitte deßhalb zum Gesetz gemacht hat, weil außerdem die rohe Begierde nur zu leicht sich hervordrängen, und den eigentlichen Umgang mit ihnen unmöglich machen würde. Die Phantasie verhüllt das ursprüngliche Naturverhältniß mit dem Schleier sittlicher Grazie, und verwandelt den Gegenstand sinnlicher

Neigung in einen Gegenstand der Verehrung und Liebe. Wo man diese Sitte ehrt, herrscht ein guter Ton, wo aber die Lüsternheit oder Rohheit, durch freche Scherze und andere Aeußerungen — liehe ihnen auch der Witz seine blendendsten Farben — jenen Schleier zerreißt, da herrscht ein schlechter Ton, den man, wenn er vollends die äußern Formen des Anstandes verletzt, roh und pöbelhaft nennen kann.

Fremde können, wenn sie in einer Gesellschaft erscheinen, mit Recht darauf Anspruch machen, daß man ihnen durch ein gewisses Entgegenkommen, durch Erleichterung der ersten Schritte zu einer vertraulichen Annäherung, ihr Verhältniß zur Gesellschaft so viel möglich vergessen mache, und daß jedes Glied des geselligen Zirkels sie mit einer Art von Zutrauen und Offenheit behandele. Wo dieses geschieht, herrscht ein guter Ton, wo es nicht geschieht, herrscht ein schlechter, und wäre die Gesellschaft gleich als die beste anerkannt. Solcher Beispiele ließen sich mehrere aufstellen, allein schon diese dünken uns hinreichend das zu erläutern, was wir im Vorigen über den Ton im Allgemeinen geäußert haben. Obgleich aber ursprünglich der Ton der Gesellschaft erzeugt und bestimmt wird durch die geistige und sittliche Bildung der Gesellschaftsglieder, so äußern doch auch zufällige Verhältnisse einen nicht unbedeutenden Einfluß darauf. Der Stand, das Gewerbe, die Staatsverfassung, der Ort, an dem man lebt und dergl. mehr, modifiziren nicht selten den geselligen Ton dergestalt, daß man aus demselben sogleich unfehlbar auf die bürgerlichen Verhältnisse der Gesellschaftsglieder schließen kann, wiewohl nicht zu läugnen ist, daß dadurch der gesellige Ton selbst keinesweges verbessert wird, denn es bleibt doch immer der eigentliche Zweck der Gesellschaft, den Menschen seiner zufälligen äußern Verhältnisse, welche mehr oder minder für seine eigentliche Menschheit beschränkend sind, zu entbinden, und ihn zum reinen Genusse der letztern zu erheben.

Da wir hier nicht alle jene bestimmenden Einflüsse genauer ins Auge fassen können, so beschränken wir uns darauf, den Unterschied des geselligen Tones bemerklich zu machen, der durch den Aufenthaltsort der Gesellschaft bestimmt wird, und versuchen, den geselligen Ton in Residenzstädten, Handelsstädten, kleinen Städten, und auf dem Lande, mit wenigen Umrissen bezeichnet darzustellen.

Residenzstädte haben das Eigene, daß, weil in ihnen ein Fürst mit seinem Hofe sich aufhält, als wodurch sie eben das werden was sie sind — und dieser den glänzendsten oder wenigstens den vornehmsten Kreiß der Gesellschaft bildet, die Einwohner der Stadt diesen in ihren geselligen Zirkeln, wo nicht geradezu zum Muster nehmen, doch insofern nachzuahmen suchen werden, als die Glieder der Gesellschaft meistens zeigen wollen, daß ihnen der am Hofe herrschende Ton nicht fremd sei, sie folglich mit jenen in einer gewissen Berührung stehen. An einem Hofe aber kann nichts anders herrschen als Höflichkeit, oder mit andern Worten, es wird hier Alles gedacht, gesprochen und gethan um des Einzigen Willen, von dem er allein sein Leben, seinen Glanz erhält; die höchste Kunst des Hofmanns ist, durch sein Betragen zu zeigen, daß er nicht für sich selbst existire, sondern nur durch und für seinen Fürsten lebe und wirke. Ein Vergessen eigner Persönlichkeit nicht in einer allgemeinen Idee, sondern in einer höhern Person, oder vielmehr in dem vom Verstande gebildeten Begriffe von dieser Person, das ist die höchste gesellige Kunst, welche in den Gesellschaften eines Hofes Glück macht. An einem Hofe gilt ferner das Verhältniß des Ranges außerordentlich viel. Je näher einer, diesem gemäß, dem Fürsten steht, desto edler ist er. Dieses Verhältniß wird auch in die geselligen Zirkel übergetragen, dadurch aber erzeugt sich in denselben ein Geist der Unterordnung, der Subordination; man fühlt den Unterschied zwischen Vornehmen und Geringen, und erblickt bei genauerer Betrachtung in diesen Gesellschaften meistens nichts weiter als verkleinerte Staatsformen oder eine bürgerliche Welt im Kleinen. In Residenzstädten giebt es ferner eine große Menge von Menschen, welche allein vom Hofe leben, folglich genöthigt werden, sich ihm in allen ihren Verhältnissen so viel als möglich anzuschließen, und da diese zum Theil gerade die vornehmsten Zirkel bilden, so geht der Ton, der in diesen herrscht, nur zu leicht auch in die der übrigen Häußer über, und so wird man endlich eine gewisse Uebereinstimmung des geselligen Tones in den meisten Gesellschaften einer Residenzstadt finden, und dieser Ton wird sich auszeichnen durch glatte Höflichkeit, durch eine gewisse Behutsamkeit und Vorsicht, durch strenge Beobachtung der äußern Rangverhältnisse, und durch ein Streben nach Uebereinstimmung mit den höhern oder sogenannten distinguirten Personen. Daß ein solcher geselliger Ton nicht wohl geschickt ist, das eigentliche gesellige Vergnügen zu befördern, springt von selbst in die Augen; indessen ist es doch auch nicht zu läugnen, daß die vorherrschende Glätte und Höflichkeit auf den Fremden wenigstens einen angenehmen Eindruck macht, und ihm für den Augenblick vielfache Annehmlichkeit bereiten kann. Auch muß man wohl bemerken, daß die individuelle Natur des Fürsten den Ton des Hofes und dadurch den der Residenz gar sehr modifizirt, so daß man deutsche und andere Residenzstädte nennen könnte, wo, nach der Versicherung mehrerer gebildeter und geistreicher Menschen, die daselbst gelebt haben, der gesellige Ton eben so leicht und frei ist, wie er in andern Städten nur immer seyn kann.

Der Handelsstand bildet in der heutigen Welt gewissermaßen eine eigene große Republik, welche sich selbst durch diejenigen ihrer Glieder regiert, die durch eine größere oder ausgebreitetere Wirksamkeit sich über ihres Gleichen erheben. Sie besteht zwar im Staate, aber nicht gerade durch denselben.

Ihr Flor hängt nicht mit seinen innern Verhältnissen unmittelbar zusammen, daher nimmt der Kaufmann auch nur wenig Rücksicht auf das, was man im Staate Ehre und Ansehen, oder Auszeichnung nennt. Die Natur seines Geschäfts lehrt ihn früh seinen Blick hinausrichten aus dem engen Kreiße, der ihn zunächst umgiebt, auf das große Ganze der kultivirten Welt, und wenn er gleich dabei gerade nicht durch weltbürgerliche Gesinnungen beseelt, sondern meistens von Eigennutze geleitet wird, so bekommt doch seine Ansicht von der Welt und dem Leben eine gewisse Freiheit und Allgemeinheit, und sein Benehmen etwas Selbstständiges, Offenes, Freimüthiges. Dieser Sinn drückt sich in den Formen seines geselligen Betragens um so freier aus, je mehr er fühlt, daß er für seine Person an keinen besondern Ort gebunden ist, und nur so lange daselbst sich aufzuhalten und zu verweilen braucht, als es sein Privatvortheil ihm vorschreibt. Hat er eine gute Erziehung genossen und seine geistige Bildung nicht ganz vernachlässigt, so wird der Umgang mit ihm dem, der den Menschen nur in dem Menschen sucht, natürlich weit mehr Befriedigung gewähren, als der Umgang mit einem, der sich auch in seinem geselligen Leben nicht los machen kann von den Einflüssen, den die Standesverhältnisse der bürgerlichen Welt auf ihn äußern. Was er in den geselligen Zirkeln des Kaufmanns vielleicht an Höflichkeit verliert, gewinnt er an Freimüthigkeit, Heiterkeit und regem Leben; und es ist wohl keine Frage, ob man, wenn man wählen darf, nicht lieber in solchen Umgebungen sich befinden wird, wo jedes Individuum im Gefühl seiner Unabhängigkeit sein Inneres frei darzulegen wagt, wenn auch dadurch zuweilen ein anderes ein wenig unsanft berührt werden sollte, als in solchen, wo die glatte, aber immer beengende und immer gleiche Form die Menschen gleichsam in belebte Begriffe verwandelt, und das Aufstreben des innern Lebens ihrer eigenen Natur gänzlich unterdrückt.

Wenn daher, wenigstens in Hinsicht auf wahren geselligen Genuß, große Handelsstädte eine gewisse Begünstigung der Umstände voraus haben, so läugnen wir gar nicht, daß man auch in Handelsstädten nicht selten die fadesten, langweiligsten, drückendsten und widrigsten Zirkel findet, denn die ungeschickte Anmaßung eines vornehmen Wesens, das Streben nach Rang und äußern Ehrenzeichen, das Annehmen einer fremden Form, nämlich der der Repräsentation, die Ostentation, oder das Prahlen mit Reichthum, die Schwelgerei in niederm Sinnengenusse, welche nur zu oft in den Gesellschaften des begüterten Mittelstandes in Handelsstädten gefunden werden, sind wahrlich um so widrigere Erscheinungen, je weniger sie durch Nothwendigkeit, sondern mehr durch Mißbrauch großer Begünstigungen der Verhältnisse erzeugt werden.

Der Charakter kleiner Städte, besonders in Hinsicht des in denselben gemeiniglich herrschenden geselligen Tones ist von mehrern witzigen und geistreichen Schriftstellern, unter denen wir nur den Deutschen Lichtenberg, und den Franzosen Labruyere *) nennen wollen, treffend und befriedigend geschildert worden; auch besitzen wir in den deutschen Kleinstädtern von Kotzebue ein interessantes Gemählde der kleinen Orten besonders eignen Sitten und Lebensweisen. Indessen beschränken sich jene Schilderungen und dieses Gemählde größtentheils auf Darstellung der lächerlichen oder tadelnswerthen Züge, welche sogleich jeden in die Augen springen müssen, der nicht selbst in einer kleinen Stadt ununterbrochen gelebt hat. Die Beschränkung der Ansicht des Lebens und seiner mannichfachen Verhältnisse, von denen der Kleinstädter viele nur den Namen nach kennt, verbunden mit dem Bestreben, das Bild, welches er sich von der vor-

*) Dieser hat in seinen bekannten Charakteren ein eigenes Kapitel: sur la petite ville.

nehmen Gesellschaft und den in dieser herr-schenden Gesetzen, die er gemeiniglich für das Ideal der guten Lebensart hält, macht, treu wieder zu geben ein Bestreben, welches um so lächerlicher erscheint, je ernsthafter es ist, und je weniger es durch die Geschicklichkeit sich in den selbst angelegten Fesseln der Convention zu bewegen, unterstützt und gerechtfertigt wird; ferner die Wichtigkeit und Gravität, womit der Kleinstädter Alles behandelt, was auf seine individuellen Verhältnisse, sein Hauß und seinen Ort sich bezieht, und das ihm nicht selten um so bedeutender vorkommt, je unbedeutender es an sich oder in Hinsicht auf die Menschheit überhaupt ist; die Neigung zum Klatschen oder zum Herumtragen kleiner Histörchen aus den Familien des Ortes, womit sich besonders die Frauen zu beschäftigen pflegen, dieß Alles sind Züge, die den Kleinstädter wie ein Kind darstellen, welches einen Erwachsenen spielt, ihn folglich lächerlich erscheinen lassen; allein es giebt auch Eigenthümlichkeiten in den geselligen Verhältnissen kleiner Städte, warum sie grosse Städte beneiden müßten, wenn man hier mehr Sinn für den wahren Genuß der Geselligkeit hätte. Je kleiner der Kreiß ist, in dem man lebt, je näher man sich in seinen eigenen Verhältnissen berührt, je weniger der Blick durch neue Erscheinungen, durch öfters wiederholte Abwechselung derselben zerstreut wird, desto inniger kann die Verbindung der Gesellschaftsglieder werden, desto mehr kann der Umgang an Vertraulichkeit, Tiefe, Herzlichkeit, Freiheit, Heiterkeit und erfreuender Lebendigkeit gewinnen. Ja man findet oft bei den seltenern Lustbarkeiten kleiner Städte eine Erquikkung des innern Menschen, eine Erheiterung des Geistes und Gemüths, welche mancher vergebens in den Prunkgesellschaften der Residenzen, und bei den reichbesetzten Tafeln des Kaufmanns gesucht hat. Darum ist nichts vortheilhafter für die Bildung des Menschen, als wenn der Anfang derselben in einem kleinen Orte oder auf dem Lande gemacht werden, der Jüngling oder die Jungfrau hierauf einige Zeit in einer Handelsstadt leben, und endlich bei völlig befestigten Grundsätzen und Neigungen, und einer vorurtheilsfreien Ansicht der Welt und der Menschheit eine Residenzstadt besuchen kann.

Von dem geselligen Tone auf dem Lande könnte, sollte man glauben, gar nicht die Rede seyn, weil der eigentliche Landmann das, was man Gesellschaften nennt, gar nicht bildet, indem er das Bedürfniß eines Umtausches von Gedanken und Empfindungen nicht in dem Maße fühlt, daß er zu Befriedigung desselben des öftern Zusammenseyns mit mehrern seines Gleichen nöthig hätte; diejenigen Familien der höhern Stände hingegen, welche für immer auf dem Lande leben, theils in ihren äußern Verhältnissen, theils in dem Grade ihrer Bildung, so wie in ihren Ansichten von der Welt und dem Leben so verschieden sind, daß sie keine besondere Gesellschaft bilden können, sondern nur durch Zufall oder das Bedürfniß einer angenehmen Unterbrechung ihres häuslichen Lebens zusammengeführt werden; allein da es doch auch viele Familien unter denen, welche auf dem Lande wohnen, giebt, die in ihren Häußern gern und öfter einen geselligen Zirkel versammeln, und die Freuden des Umgangs sich und andern zu verschaffen suchen, so kann man billig fragen, ob nicht in diesen Gesellschaften gleichfalls ein besonderer eigener Ton herrsche? Dieß ist denn im Allgemeinen auch wirklich der Fall, und man wird gewöhnlich finden, daß sich derselbe durch eine gewisse Vertraulichkeit, durch ein theilnehmendes Eingehen in die innern häuslichen Verhältnisse, so wie durch eine Neigung zu lauten und lebhaften Lustbarkeiten und durch eine größere Freiheit in der Behandlung dessen, was wir Anstand nennen, auszeichnet. Indeß die Alten sich durch ein recht von Herzen und zu Herzen gehendes Plaudern und Schwatzen von Allem, was in ihrem Ideenkreiße liegt, die Zeit verkürzen, sucht die Jugend in der ungebundenen Regung ihrer üppigen Kraft durch allerlei lustige und muntere Spiele, wo die traulichere Annäherung der Geschlechter, welche hier meistens ohne alle Gefahr für die Sittlichkeit ist, einen Hauptreiz ausmacht, die Stunden zu beflügeln, und ihre leicht bewegliche Phantasie in heitere Thätigkeit zu setzen. Freilich giebt es auch wohl Häußer auf dem Lande, welche die städtischen Sitten mit in ihre Einsamkeit genommen haben, und auch hier das freie Leben der Natur mit den Ketten der Konvenienz belasten, allein diese sind doch immer als Ausnahmen anzusehen, weil sie das Landleben mehr wie eine Art von Exil betrachten. In diese Klasse gehören besonders manche adeliche Familien und einige reichere Gutsbesitzer, welche sich diesen durch Aufwand gleich zu stellen suchen. Den edlen Gesellschaftston auf dem Lande findet man wohl am reinsten in gebildeten Predigerhäußern, wo nicht selten eine höhere Geistesbildung die Freiheit der Natur verschönert und veredelt.

Aus allen diesen Bemerkungen aber scheint so viel hervorzugehen, daß derjenige, dem die Verhältnisse erlauben, frei und ohne Nebenrücksichten den Kreiß der Gesellschaft zu bilden, in dem er Erholung und Aufheiterung erwartet, am besten thut, wenn er keine von den im Vorhergehenden geschilderten Arten des Gesellschaftstones zum Muster nimmt, sondern nur die Gesetze befolgt, welche die Achtung vor der Menschheit und der schöne Zweck des geselligen Umgangs, das Bewußtseyn der höhern in jedem Individuum wohnenden Natur in sich und andern zu stärken und zu erhöhen, in dem leisen Gefühle des Schicklichen ausspricht und vorschreibt.

Anhang.

Ueber den Schmuck und die Kunst zu schmücken. *)

Die Liebe zum Schmuck, die Neigung des Menschen, sich und seine Umgebungen zu verzieren oder zu schmücken, ist ein Grundzug der Natur. Man findet ihn selbst bei rohen Völkern. Der Wilde mahlt seinen Körper mit bunten Farben, streicht seine Waffen

*) Ich habe diese Abhandlung vor einigen Jahren in einem Taschenbuche: Iconodora, erscheinen lassen, allein da ihr Inhalt in einem so innigen Zusammenhange mit dem Hauptinhalte dieser Schrift steht, so füge ich sie mit einigen nothwendigen Abänderungen derselben bei.

Der Verf.

an, und wählt schimmernde Federn oder fleckige Felle von Thieren lieber zu seiner Bekleidung als unscheinbare oder einfache. Selbst in der todten Natur bemerken wir ein Analogon davon oder eine jenem Triebe des Menschen ähnliche Erscheinung. Kehrt der Frühling zur Erde zurück, so bedeckt er das einfache grüne Gewand derselben mit unzählig glänzenden Farben, da ist fast kein Kraut, kein Baum, kein Strauch, der nicht eine mehr oder weniger das Auge reizende oder erfreuende Blüthe zeigte, keiner, der nicht mit einer Art von Verschwendung hierbei den Reichthum seiner innern Kräfte offenbarte. Allein, ein tieferer Blick in die Haulshatung der Natur läßt uns doch einen großen Unterschied zwischen dem Schmuck des Menschen und dem ihrigen bemerken. Betrachtet einmal das blühende Mädchen dort mit dem Rosen im Haar, gekleidet in ein dunkles seidenes Gewand, dessen lichtlose Farbe die blendende Weiße ihres schönen Busens erst recht erheben soll, und hier den Rosenstrauch bedeckt mit einer zahllosen Menge der lieblichsten Blumen, und nun laßt uns den Schmuck von Beiden, wenigstens in Gedanken, auf einen Augenblick wegnehmen. Ist das Mädchen auch ohne ihre Rosen im Haar, ohne das dunkle Gewand, das ihre üppigen blendend weißen Glieder umschließt, nicht immer noch schön? Bleibt ihm nicht die frische Blüthe der Wangen, deren sanfter Schimmer von keiner Blume verdunkelt wird, nicht das goldene Haar, das die hohe Stirn umschattet, nicht der leuchtende Stern des Auges, nicht der zarte Mund, nicht der schöne Einklang aller seiner reizenden Glieder? Ja, ich glaube, nun erst, entkleidet von Allem, was nicht eigentlich zu ihr gehörte, wird die Jungfrau Manchem, und vielleicht gerade dem feinen Kenner des Schönen recht gefallen, recht bezaubernd und liebeerregend erscheinen, anstatt daß der seiner schönen Blumen beraubte Strauch nur ein mitleiderregender Anblick ist, der in jeder empfindenden Brust das niederschlagende Gefühl der Zerstörung, Verstümmelung, Entweihung, erweckt.

Woher dieser Unterschied des Eindrucks? In der Natur erscheint jeder Schmuck nur als ein Mittel der Charakterdarstellung, mithin als etwas Nothwendiges, als ein Theil des Wesens selbst, welches wir betrachten; in der Menschheit hingegen ist er Produkt der Willkühr, das, so wie es erschaffen wurde, auch wieder vernichtet werden kann, ohne den Werth der Sache oder ihren Charakter im mindesten zu verletzen.

Wir können daher, wenn man eine bestimmte Definition des Schmuckes oder Putzes — doch nicht des Putzes, denn wir werden bald sehen, daß das nicht einerlei ist, — in wenig Worten zu lesen wünschte, sein Wesen so bestimmen: Schmuck ist eine willkührliche Zuthat zu einem Dinge, wodurch man die

Augen der Menschen reizen will, mit Vergnügen auf dem damit versehenen Gegenstande zu verweilen.

Wir nennen diese Zuthat willkührlich, nicht um zu behaupten, daß sie an kein Gesetz gebunden sei, vielmehr lassen sich die Gesetze dafür aus dem angegebenen Begriffe selbst recht leicht entwickeln, woraus eine philosophische Kosmetick oder Schmucklehre entsteht, wovon wir einige Hauptzüge am Ende dieses Aufsatzes vorlegen werden, sondern bloß im Gegensatz gegen den Charakter-Ausdruck. Es gehört zum Krieger, daß er Waffen trägt, daß er uns seine Bestimmung in seinem Aeußern andeutet, denn die Unterlassung der Bezeichnung eines Dinges, die Verkennung des Charakters und der Bestimmung desselben ist nicht immer ohne Nachtheil, weil kein Ding in der Welt für sich allein da ist — allein es ist willkührlich, d. h. hier nicht nothwendig, daß das Wehrgehänge seines Degens mit edeln Steinen besetzt, die

Scheide desselben mit Gold ausgelegt ist; indessen entsteht oft für das Individuum eine Nothwendigkeit des Schmuckes, welche wir aber hier nicht meinen, wenn ihm nämlich durch einen fremden Willen das Anlegen gewisser Zierrathen vorgeschrieben wird, deren es vielleicht selbst gern entbehrte; doch behält auch bei dem Tragen derselben das Individuum in den meisten Fällen noch immer so viel Freiheit, uns zu zeigen, daß es nur der Nothwendigkeit sich unterwerfe, wodurch denn die Zierrath auf eine andere Weise zur doppelten Charakterbezeichnung, der der Gattung, wozu das Individuum gehört, und seiner eigenen Denkungsart wird; und so muß es in der Menschheit seyn, denn sie darf in keinem Verhältnisse eine gänzliche Vernichtung ihrer Freiheit ahnen lassen.

„Aus diesem Allem aber, wird man vielleicht sagen, folgt, daß, wenn gleich nicht geläugnet werden kann, der Schmuck sei etwas Willkührliches, Zufälliges, er denn doch etwas äußerst Wichtiges und Bedeutendes ist,

Etwas, was nicht weniger als die Charakterbezeichnung selbst, die größte Aufmerksamkeit verdient."

Allerdings, und sie haben mir, meine schönen Leserinnen, denn von Ihnen kommt doch gewiß diese Bemerkung, damit das Wort aus dem Munde genommen. Unsere Vorfahren hatten ein Sprichwort, welches sich bis auf unsere Zeiten fortgepflanzt hat: Kleider machen Leute — ein Sprichwort, worüber man immer lacht, dessen man sich fast bloß noch im Scherz zu bedienen pflegt, wenn man gleich in unsern Tagen durch die That recht geflissentlich seine Wahrheit zu erweisen sich bemüht. Die Sprichwörter der Alten gründen sich meistens auf eine tiefe und vielseitige Erfahrung, und sind daher nicht selten wahre goldene Sprüche der Weisheit und Klugheit, das ist denn auch der Fall bei dem eben angeführten.

Kleider machen Leute, nicht Menschen. Leute nämlich sind Menschen in der Gesellschaft, Menschen, die als ein

Gegenstand der Erscheinung für Andere beurtheilt werden. Sagte das Sprichwort: Kleider machen den Menschen, so dürfte sich vieles dagegen einwenden lassen, wiewohl auch oft der für sich allein existirende Mensch eine sonderbare Verwechselung mit sich selbst vorzunehmen pflegt, indem er in Gedanken sich in die Gesellschaft verwandelt, sein Selbst aus einer andern Persönlichkeit anschaut, und daher sich für sich selbst schmückt, um größer von sich zu denken, seine Achtung gegen sich zu erhöhen; so wie man von Büffon erzählt, daß er immer, wenn er etwas recht Vorzügliches habe schreiben wollen, seinen besten Rock angezogen habe.

Der Mensch ist immer für den Menschen da, das fühlten die Alten, und ein großer Theil seines Glückes und seiner Zufriedenheit hängt davon ab, wie er Andern erscheint. Der erste sinnliche Eindruck entscheidet allezeit für oder wider einen Menschen, und es wird selbst den an das Abstrahiren sehr Gewöhnten recht schwer, dieses ihm aufgedrungene Bild zu verlöschen, und sich nur an das zu halten, was er nicht sinnlich wahrnimmt, sondern erst aus den Reden und Handlungen des Andern selbstthätig zusammen setzen muß. Ja, Kleider, d. h. die äußern Umgebungen, machen Leute, sowohl im positiven als negativen Sinne. Fürchten Sie sich nicht, meine Leserinnen, vor einer gelehrten, d. h. mit fremden Kunstworten gespickten und durch Eintheilungen und Untereintheilungen fortlaufenden Exposition meiner Hauptidee. Ein Beispiel, und zwar ein recht angenehmes heiteres, soll uns Alles in das helleste Licht setzen.

Versetzen Sie sich einmal mit mir in die erste Hälfte des vorigen Jahrhunderts. Wir wollen einem Reichen und Vornehmen auf dem Lande einen Besuch machen. Es ist herrliches Wetter; sein Landhaus liegt nicht weit von der Stadt, wir machen den Weg zu Fuß. Durch ein anmuthsvolles, üppiges Thal führt uns der Weg in ein dunkles Eichenwäldchen. Mit einem Male stehen wir dicht vor dem Wohnhause unseres vermeintlichen Freundes. Sie bleiben stehen, und ihr Blick irrt auf der Façade desselben umher, und zwar, wie ich sehe, bloß mit Verwunderung über die Muscheln und Blumengewinde, und Engels- und Ziegenköpfe, und Vasen und Symbole aller Art, welche hier in Stein gehauen Sie ganz vergessen machen, daß Sie in ein ländliches Wohnhaus treten sollen. Wir gehen durch das Haus in den Garten. Hier bleiben wir zuerst an einem Springbrunnen stehen, wo ein mit dem Halse konvulsivisch sich zurückbiegendes Kind in dem Munde einen Trichter hält, aus dem der Wasserstrahl aufwärts quillt, der dann in zwei Strahlen zurückfallend von den ungeheuer verlängerten Armen des Kindes, die am Ende in Muscheln ausgehen, aufgefangen wird. Rings um das Becken stehen menschliche Figuren in tanzenden Stellungen, welche von weitem wie zerbrochene eckige Mauersteine aussehen. Wir gehen weiter und sehen eine lange Allee von spanischen Wänden hinunter, wo immer rechts und links Einbiegungen sind, versehen mit Sitzen, um welche her aber die Buchen so verschnitten wurden, daß sie bald Drachen, bald ungeheuere Wallfischköpfe, bald wieder Pyramiden oder Kugeln, oder Blumenvasen, oder auch gar menschliche Gestalten vorstellen, so daß es der leicht erregbaren Phantasie oft vor Grausen fast unmöglich wird, lange hier zu verweilen. Die junge Frau an meinem Arm, der das Gehen jetzt ein wenig beschwerlicher wird als sonst, läuft wirklich Gefahr bei diesen sie rings umstarrenden neckischen Gestalten.

Aber wo werden wir die Gesellschaft finden? Dort unter einem weiten großen Blätterdache bewegen sich allerlei wunderliche Figuren hin und her. Einige oben spitzig und unten von ungeheurer Breite, aber glänzend von den buntesten Farben, zum Theil ganze Blumenbeete schon von weitem auf der breiten Vorderseite des Untertheils zeigend. Die sich bewegenden Arme allein verrathen, daß es Menschen sind. Andere unten spitzig und oben breit, überall eckigt und fest, beweisen durch die Füße das, was jene durch die Arme. Die Leser werden wohl errathen, daß jene die Damen sind, diese die Herren. Jene in den prächtigen Reifenröcken, diese in den ausgesteiften kurzen Kleidern und mächtigen Allongenperücken. Man würde kaum begreifen können, wie vernünftige Menschen auf eine solche Art sich zu kleiden und zu schmükken hätten verfallen können, wenn man nicht gerade darinnen eine recht ungebundene bis zur höchsten Frechheit sich erhebende Aeußerung der Willkühr wahrnähme, und eine solche Periode des Geschmacks in der Geschichte der Menschheit mit jenen oft höchst seltsamen Spielen der Natur vergleichen könnte, wo sie Felsen und Gesträuchen die Formen lebender Wesen gegeben hat, und so mit einer Art von Willkühr und Regellosigkeit ihr eigenes Wesen, das in der strengsten Nothwendigkeit und Gesetzmäßigkeit besteht, selbst zu vernichten scheint.

Schauen Sie, meine schönen Leserinnen, ehe wir davon scheiden, dieses Bild noch einmal an, und Sie wissen, was die negative Bedeutung des Sprichworts ist: Kleider machen Leute! es heißt nämlich, Kleider zerstören den Ausdruck des menschlichen Charakters in der Erscheinung.

Aber ich schwinge jetzt meinen Zauberstab, und siehe, welch eine Verwandlung ist auf der Stätte, wo wir uns eben befinden, vorgegangen. Hoch emporstrebende Eichen, Buchen, Platanus, und eine Menge blätterreicher Gesträuche beschatten üppig grünende Rasenplätze, an deren mit Blumen geschmückten Borde ein reines Wasser hinfließt. Die feinere Kunst hat die Natur zum Muster genommen, und täuscht uns angenehm durch den edeln Schein von Freiheit, so daß wir gar nicht daran denken, wie auf einem Platze die Blumen und Gesträuche verschiedener Himmelsstriche sich vermischen können. Auf einer kleinen grünen Anhöhe erhebt sich auf schlanken weißen Säulen ein rundes Dach ohne alle Zier, bloß durch seine reine Proportion und edle Anspruchlosigkeit gefallend. Unter demselben schimmern weiße und buntfarbige Kleider hervor, allein schon von fern erblickt man durch dieselben die menschlichen Glieder sich regen. Wir treten näher, und ein Damenzirkel hat sich auf schwarzen Sopha's niedergelassen, um den Kaffee einzunehmen. Mein trunkener Blick irrt durch die schöne Versammlung, ohne zu wissen, wo er am ersten verweilen soll. Hier umhüllt ein weiches, weißes, bloß durch die Feinheit des Gewebes sich auszeichnendes Kleid die rundlichen, zarten Glieder eines eben aufblühenden Mädchens, das mit unbefangener Heiterkeit einen Kranz von Wiesenblumen flicht, dort ruht eine edle hohe Gestalt in sinnender Stellung auf den Arm gestützt in der Ecke des Divans, gekleidet in ein seidenes Gewand von der lieblichen Rosenfarbe, indeß dort eine andere durch die Lebhaftigkeit ihrer Bewegungen und den feurigen

Blick ihrer Augen, das veilchenfarbene Gewand, und das goldene Diadem kaum bemerken läßt, welches sie zur Erhöhung ihrer Reize mit weiser Sorgfalt gewählt hatte. Man würde glauben, in einem der gesegneten Himmelsstriche des mildern Süden unter den herrlichsten Blumen zu wandeln, wenn nicht die Herrn zum Theil durch ihre Kleidung die Bezauberung zerstören, denn diese — nun hier hat das Bedürfniß und die Noth zum Theil statt des Geschmacks entschieden — und den Männern ist es ja, wie wir auch noch sehen werden, nicht erlaubt sich zu schmücken. Hier haben Sie, meine Leser, die positive Bedeutung des ebengenannten Sprichworts, und wenn Sie beide Bilder aufmerksam gegen einander halten, zugleich auch Gelegenheit, zu bemerken, wie sich Putz von Schmuck unterscheidet, und daß beide gar nicht eins sind, und dasselbe. Die Gegenstände auf dem ersten waren geputzt, die auf dem zweiten bloß geschmückt. Schon der gemeine Sprachgebrauch deutet auf diesen Unterschied, und rechtfertigt unsere Meinung, wenn wir Putz eine Zierrath nennen, welche den Charakterausdruck vernichtet, oder macht, daß der Blick des Betrachtenden das Verzierte über der Zier vergißt, da hingegen der Schmuck nur das Auge anlockt, auf der Gestalt zu verweilen, und sie mit Wohlgefallen zu betrachten.

Putzen darf sich in der Regel kein Mensch, selbst nicht das Weib, weil es theils eine Sünde gegen die menschliche Gestalt, theils nicht ohne Gefahr ist

Wer öfters Gelegenheit gehabt hat, die menschliche Bildung in ihrer Vollkommenheit und Reinheit zu bewundern, — welches freilich bei uns nur selten anders als auf Gemählden und unter den aus dem Alterthum auf uns gekommenen göttlichen Werken des Meisels möglich ist, der wird eine solche Verehrung gegen diese herrliche Gestalt bekommen, daß er sie für die Krone der sichtbaren

Schöpfung erklärt, weil keine unter allen eines so reinen Ausdrucks des wahrhaft Göttlichen, der Freiheit, fähig ist, als sie. Der reine Charakterausdruck der Menschheit in der menschlichen äußern Form wird ihm nothwendig als der alleinige dieser zukommende Schmuck erscheinen, und das Bestreben, ihr etwas anzulegen, was sie ganz und gar nicht wahrnehmbar macht, oder doch den Blick dergestalt zerstreut und ermüdet, daß er nicht weiß, wo er ruhen soll, also nichts weniger als fähig ist, auf den Charakterausdruck des Geputzten zu achten, muß, wenn irgend etwas, ihm, als eine strafbare Versündigung an dem Heiligen, verabscheuungswürdig dünken. Ich erinnere mich noch ganz deutlich, daß dieses Gefühl in meiner Seele beim Anblick einer liebenswürdigen Schauspielerin rege wurde, als sie sich in Rollen zeigte, wo es die Idee des Dichters nothwendig machte, daß sie sich Putz anlegte. Gerade, weil sich in ihrem reizenden Aeußern die weibliche Menschheit mit solcher Reinheit zeigte, daß jedes Herz sich mit den süßesten Banden zu ihr hingezogen fühlte, mußte Alles, was diesen Genuß dem Betrachter zu schmälern schien, und wirklich schmälerte, eine Art von leiser Indignation erregen, und nur der das Ganze überschauende Verstand löschte, jedoch nicht ohne Anstrengung, diese widrige Empfindung wieder aus.

Allein es ist auch wirklich gefährlich sich zu putzen. Lachen Sie nicht, meine Leserinnen! Sie meinen wohl, es sei leicht noch gefährlicher, wenigstens für uns Männer, wenn Sie uns ungeputzt, oder wie man sagt, im Negligé erschienen, und ich sehe manches schöne Weib mit stolzer Selbstzufriedenheit bei dem Gedanken lächeln, was ihre hüllenlose Schönheit für Unheil unter der männlichen Gesellschaft anrichten dürfte, da es schon ihre umhüllte thut. Allein davon ein ander Mal; jetzt erlauben Sie mir, die Sache recht pedantisch ernsthaft zu nehmen. — Meinen Sie nicht, daß, wenn man z. B. einen Menschen in das Fell eines Bären oder

Hirsches nähen und nöthigen wollte, sich im Walde aufzuhalten, die Hunde des Jägers sogleich über ihn herfallen und ihn zerfleischen würden? Er wäre aber gewiß alsbald gerettet, wenn er sich auf einmal aufrichten und als Mensch zeigen dürfte, denn auch die thierische Schöpfung hat eine Art von Achtung und Verehrung gegen die menschliche Gestalt. Nun aber giebt es einen Zustand, der für den feinfühlenden, edelgebildeten Menschen unerträglicher ist, als der Tod oder Lebensgefahr, d. i. die Gefahr, von Vernünftigen ausgelacht zu werden. Welche von Ihnen, meine Leserinneu, würde es wagen, in der abscheulichen Tracht des vorigen Jahrhunderts über die Gasse zu gehen, oder auf einem Spaziergange zu erscheinen, oder umgekehrt in frecher Nacktheit sich den Blicken der rohen Männer bloszustellen? und welcher Mann würde nicht lieber einer Schlacht entgegen gehen, als in der geckenhaftesten Kleidung — ich nenne einen Gecken den, der durch den Putz sich auszuzeichnen sucht —

Tag für Tag sich der Gefahr aussetzen wollen, mit den unmännlichen Männlein verwechselt zu werden, die ein Fehler des Schneiders zur Verzweiflung bringt? —

Indessen bescheide ich mich recht wohl, daß die allmächtige Mode in unsern Tagen viele der Sünden auf sich zu nehmen hat, welche gegen Vernunft und Schönheitsgefühl begangen werden, und ich verzeihe daher denen, welche jener gefürchteten Gottheit zum Theil opfern müssen, wie die Frauen, auch mehr als den Männern, welche nichts entschuldigen kann, wenn sie ihre Freiheit in der Art der Bekleidung und des Schmuckes ganz und gar aufgeben. Ich erinnere mich hierbei zugleich, daß ich meinen Lesern noch die Rechtfertigung meines oben angeführten Grundsatzes, daß nur die Frauen sich schmükken dürften, und der Mann durchaus gar keines Schmuckes eigentlich fähig sey, schuldig bin; und da ich, schon aus Egoismus, d. h. um meiner Freiheit willen nicht gern Schulden unbezahlt lasse, so will ich mich denn auch gleich zu Abtragung dieser anschicken:

Da nach der oben aufgestellten Definition des Schmuckes, nach welcher er eine willkührliche Zuthat zu irgend einem Dinge genannt wurde, wodurch man das Auge reizen wollte, auf dem Gegenstande mit Wohlgefallen zu verweilen, den man damit versehen hatte, wenn wir sie auf das Gebiet der Menschheit anwenden, voraus gesetzt werden muß, daß es zur Natur der geschmückten Person gehöre, durch ihre Erscheinung Etwas gelten zu wollen, und das fremde Auge auf sein Aeußeres zu lenken, dieses aber auf ein Gefühl der Abhängigkeit von fremder Schätzung, ein Gefühl der Unmöglichkeit, frei für sich allein zu bestehen, hindeutet, so sehen wir, daß der Schmuck eigentlich nur für das Weib passe. Der Hauptzug im Charakter des Weibes nämlich, ist Liebe. Seine Bestimmung kann nicht begriffen werden, ohne ein anderes Naturwesen, welches ihm gewissermaaßen erst seine

Vollendung gebe. Alle seine Triebe, seine Neigungen und Bestrebungen beziehen sich auf den Mann. Er ist der Zweck seines Daseyns. Schon seine äußere Bildung deutet auf die Bestimmung für die andere Hälfte der Menschheit hin. Mit einem zarten Körperbau versehen, furchtsam, schüchtern, mehr zum Ertragen, Dulden, Erwiedern, zum Empfangen und Bewahren bestimmt, mehr durch ihre Natur abhängig von der Natur als der Mann, ist das Weib offenbar nicht zum Beherrschen und Umgestalten derselben nach den Zwecken der Freiheit bestimmt. Dieser Zug nun, der das Weib so allmächtig zu dem Manne hinzieht, und den wir Liebe nennen, ist dergestalt in seine Natur verwebt, daß es ohne denselben nicht allein aufhört Weib, sondern sogar Mensch zu seyn, und selbst von den Individuen seines Geschlechts nur als ein Wunderthier, als ein Gegenstand des Erstaunens, eine nicht eben erfreuliche Ausnahme von der Regel, angesehen wird. Das Weib ohne Liebe wird von

Weibern und Männern gleich geflohen. Jene haben ihm nichts zu vertrauen, weil es sie nicht verstehen kann, diese mögen sich ihm nicht nähern, weil sie das, was es ihnen anzubieten hat, auch unter sich selbst und in der Regel besser und vollkommener finden können. Nothwendig also muß es das eifrigste Bestreben des Weibes seyn, die Aufmerksamkeit des Mannes auf seine Gestalt, seine Weiblichkeit zu lenken, und sie ihm in dem vortheilhaftesten Lichte zu zeigen. Es muß nach Schmuck streben, nach Schmuck für das Auge des Mannes. Es muß sich bemühen, ihm zu gefallen, wenn es nicht sein Wesen selbst vernichten will. Dieses nun wäre nicht nöthig, wenn der Mann von dem Weibe in gleichem Grade abhängig wäre, als es dieses von ihm ist, denn dann könnte jenes ruhig und unfehlbar auf die Wirkung der Natur rechnen. Allein der Charakter des Mannes ist Freiheit, Selbstständigkeit. Ihn hat die Natur gleichsam an die Spitze der Schöpfung, auf die Grenze zweier Welten gestellt, in denen ganz verschiedene Gesetze walten. Abhängig von Naturtrieben, die freilich mit Nothwendigkeit und Zwang sich in ihm ankündigen, weiß er doch auch diesen wenigstens den Stempel seines Wollens aufzudrücken, ja er ist bemüht, ihnen, wenn er durch sie bewegt wird, und ihnen folgen muß, die Form der Freiheit zu geben, indem er nur mit Besonnenheit sich ihnen zu überlassen scheint. Der Mann wird von dem Weibe angezogen, er zieht nicht an, und sträubt sich oft gegen die sanften Bande, womit ihn das liebende Weib umschlingen will, weil er fürchtet, seinen Hauptcharakter, die Freiheit, zu verlieren. Fühlt er aber endlich den mächtigen Zauber, womit ihn die Natur von dieser Seite an sich bindet, und ist seine Vernunft zu der Reife gekommen, daß er einen Blick auf das große Ganze der Natur zu werfen vermag, um einzusehen, daß auch er für die Liebe wenn auch nicht allein für sie geschaffen ist, dann widerstrebt er nicht länger, und empfängt gern erst aus den Händen der Liebe seine Menschheit.

Dieser hier der Natur, wie wir glauben, völlig getreu gezeichnete Charakter zeigt offenbar, warum sich der Mann nicht schmücken darf. Für wen sollte er es denn thun? für das Weib? das ist ganz überflüssig, denn dieses ist schon durch die Natur veranlaßt, immer den Blick auf ihn zu richten, und je mehr er in seinem ganzen Seyn und Wesen den Charakter, der ihm zukommt, rein ausdrückt, je mehr in seiner Gestalt gesetzmäßige Freiheit, Selbstständigkeit des Willens, Adel und Größe der Gesinnung, Energie und Muth sich verkündigen, je mehr ruhige Haltung und edle Zuversicht auf sich selbst aus ihm spricht, desto mehr ist er gewiß, die Augen des Weibes auf sich zu ziehen, und ihm als ein Gegenstand des Wohlgefallens zu erscheinen. Schmückt er sich aber noch, so vermindert er mehr oder weniger diesen Charakterausdruck, und entwürdigt sich, wodurch er zugleich in der Achtung des Weibes sinken muß. Will man es ihm ja erlauben, sich zu schmücken, so hüte er sich nur, nicht die Absicht des Schmuckes merken zu lassen, sondern behandle ihn als eine Nothwendigkeit, der er sich um höherer Zwecke willen unterwirft, oder als ein freies Spiel der Phantasie. Putzen aber darf er sich durchaus unter keinem Vorwande, denn ein geputzter Mann ist das gräßlichste Ungeheuer in der Natur.

„Aber," wird man vielleicht sagen, „wenn auch der Mann sich für das Weib nicht zu schmücken braucht, kann er es nicht für seines Gleichen thun? Ist es nicht oft für ihn von großer Bedeutung, auch auf Männer durch sein Aeußeres einen angenehmen Eindruck zu machen?" Wir läugnen das letztere nicht, ohne deshalb die Nothwendigkeit des erstern zuzugeben. Der Mann ist für den Mann nie ein Naturwesen, welches als solches der äußern Gestaltung als eines wirklich ergänzenden Theiles bedarf, sondern immer nur der Repräsentant von

Ideen, der versinnlichte Geist. Um sich als solchen bemerkbar und geachtet zu machen, hat er von der Natur zwei bedeutende Geschenke erhalten, welche als unmittelbare Verkündiger des Innern betrachtet werden können. Das Auge und die Stimme, durch diese wirkte er auf Männer, und er wird der Erreichung seines Zweckes fast immer gewiß seyn können. Auch lehrt der Instinkt den Menschen schon, dem Unbekannten ins Auge zu blicken, wenn er wissen will, was er sich von ihm als geistiges Wesen zu versprechen habe; und wenn der Blick des Mannes die ganze weibliche Gestalt zu umfassen sich bemüht, wenn er nicht gern ein Glied derselben sich entzogen sieht, so ruht er bei der ihm begegnenden männlichen sogleich auf dem Auge.

Dafür aber, daß man dem Manne den Schmuck erlassen muß, und von ihm nicht fordern kann, daß er den Charakterausdruck seines Wesens durch etwas Fremdes außer ihm liegendes zu heben oder zu verstärken suche, weil dieses an sich nicht recht wohl möglich ist, macht man mit Recht an ihm die Forderung, daß er die größte Reinlichkeit beobachte. Es klingt sonderbar, allein ich glaube, der Mann ist dazu noch mehr verpflichtet, als das Weib, wiewohl man gewöhnlich das umgekehrte Verhältniß annimmt. Reinlichkeit nämlich ist das Bestreben des Menschen, nichts, weder an seiner Person noch an seinen Umgebungen zu dulden, was eine Verwandtschaft oder Gemeinschaft derselben mit den rohen Elementen verriethe.

Reinlichkeit ist die erste Stufe, wodurch sich der Mensch aus der Thierheit erhebt, wodurch er seine Besonnenheit, seine Kraft sich der Natur entgegen zu setzen äußert. Wenn er über die letztere herrschen soll, darf er sich nicht mehr mit ihrem Staube vermischen. Sie ist ein Beweis seiner Achtung vor sich selbst, und deutet auf ein stilles, in sich selbst ruhendes, nicht immer gewaltsam nach Außen strebendes Daseyn, statt daß derjenige, der sich gern putzt und schmückt, nicht gerade reinlich zu seyn braucht, indem es gar nicht selten der Fall ist, daß der Schmuck das bedecken muß oder soll, was, wenn es sich hervordrängte, die Wirkung des Schmuckes augenblicklich vernichten würde.

Der Mann nun steht dem Reiche der Freiheit, des Ideales, näher als das Weib, er ist geistiger, ist mehr zum Herrschen über die Natur bestimmt, als das Weib; ein ruhiges, freies, in sich beschlossenes Daseyn ist seine Krone; und so wie man von ihm fordert, daß sein Geist immer mit edeln, erhabenen, schönen, geistigen Bildern erfüllt sei, wie seine Phantasie immer eine solche Richtung haben soll, daß man ihr die gestaltende, organisirende, belebende Kraft anmerke, so kann man auch von ihm verlangen, daß er das in seinem Aeußern verrathe; und wer zweifelt, daß Reinlichkeit hierzu das erste Erforderniß sey? die rohe Natur darf sich ihm nicht anders nahen, als wenn er sie zum Mittel für einen geistigen Zweck benutzen will. So wie in der moralischen Welt derjenige, der über den gemeinen rohen Haufen herrschen, oder von ihm geachtet und geehrt seyn will, vor allem die genaue Gemeinschaft mit ihm abbrechen, und ihm zeigen muß, daß sein ganzes Wesen edlerer und höherer Natur sei, daß er also gewissermaaßen von der Natur berufen, und nicht aus Willkühr oder niederer Absicht sich über ihn erhebe, und ihn nach seinen Planen lenke.

Dazu kommt noch, daß die Reinlichkeit in der Regel dem Manne leichter zu beobachten wird als dem Weibe, welches, indem es die Sorge für die Befriedigung der ersten Lebensbedürfnisse über sich genommen hat, also mehr mit Auflösung organischer Gebilde in ihre Elemente, oder mit neuer Gestaltung und Zurichtung derselben zu einem Zwecke, der den Menschen unter allen am meisten an seine Thierheit erinnert, beschäftigt ist, oder mit andern Worten: die Besorgung der Küche und Aufsicht über das Innere der

Wohnung zu seinem ersten Geschäfte machen muß, weit schwerer, wenigstens mit ungleich grösserer Achtsamkeit, die Spuren der Berührung des Unreinen vermeiden kann. Ich muß gestehen, daß mir ein schmutziger Mann und ein geputzter, bei aller Verschiedenheit doch eine ziemlich ähnliche widrige Empfindung erregt, dort physischen, hier moralischen Ekel.

Hab' ich Ihnen nun, meine freundlichen Leser und Leserinnen, bei der Entwickelung meiner allgemeinen Ideen über den Schmuck nicht ganz mißfallen, so hören Sie mich vielleicht auch willig an, wenn ich nun aus dem aufgestellten Begriffe des Schmuckes und Putzes, Ihnen

eine Kosmetick

oder

die Kunst zu schmücken,

doch nur in nuce, d. h. so groß, daß sie in einen Fingerhut geht, oder wenigstens Fragmente derselben darzulegen versuche.

Jede Kunst hat Regeln, allein keine willkührlichen, sondern nur solche, welche schon in dem Begriffe derselben mit enthalten sind, sich daher auch auf eine leichte natürliche Weise aus demselben müssen entwickeln lassen. Ist nun gleich der Schmuck im Ganzen an sich etwas Willkührliches, so sind es doch keinesweges die Grundsätze darüber. Es wird also bei Beurtheilung derjenigen, welche die Leser hier finden werden, bloß darauf ankommen, ob sie dem im Vorigen aufgestellten und erläuterten Begriffe des Schmuckes nicht widersprechen. Die Befolgung derselben bleibt dagegen mit Recht eines und einer Jeden Willen überlassen, weil der schönste menschliche Schmuck ein edel geleiteter freier Wille ist. Also zur Sache:

Erster Grundsatz.

Der Schmuck unterdrücke oder verdecke nicht den Charakterausdruck, und hindere ihn nicht, sich frei zu äußern.

Charakterausdruck ist nichts anders als der Inbegriff derjenigen Aeußerungen oder äußern Erscheinungen eines Dinges oder einer Person, wodurch man sie von allen andern ihnen ähnlichen bestimmt zu unterscheiden vermag, oder wodurch sich ihr eigenthümliches Wesen an den Tag legt. Wir ersuchen die Leser einen Blick in die Natur zu werfen, welche uns hier als Muster aufgestellt werden kann. Ein großer Theil ihrer Schönheit ruht auf dem treuen, bis ins Kleinste ausgeführten und mit der vollendetsten Bestimmtheit dargestellten Charakterausdrucke jedes ihrer Wesen. Nur dadurch entsteht jene bewundernswürdige Mannichfaltigkeit für das Auge, jener Schein des Reichthums, der unendlichen Fülle ihrer Kraft, jene Abwechselung, und jenes Leben, das uns so erfreuend überall anspricht. Wir sehen dadurch zugleich, wie ein Wesen für das andere da ist, wie dieses erst im Gegensatz und Beziehung auf ein anderes seine Vollendung erhält, und wie so endlich ein großes Ganze aus so viel Theilen, die alle wieder kleine Ganze sind, sich bewunderswürdig rundet und ausbildet. Und welche angenehme Erscheinung würde es nicht seyn, wenn auch die Menschheit sich diese Mannichfaltigkeit und Zweckmäßigkeit zum Muster dienen ließe, wenn das Auge, statt daß es unter hundert Damen oft kaum drei bis vier Verschiedenheiten des Schmuckes wahrnimmt, ja oft durch den Widerspruch desselben mit der geschmückten Gestalt beleidigt wird, den Charakter jedes Individuums rein und verschönert wahrnehmen könnte! Bei Sachen ist der aufgestellte Grundsatz oft von großer Wichtigkeit, und die Vernachlässigung desselben mit Schaden und Nachtheil für die Menschen selbst verbunden. Hören Sie eine höchst tragische Geschichte als Beleg für diese Meinung.

Eine meiner Freundinnen wurde aufs Land gebeten, wo ein heiterer, gastfreundlicher Mann ein ländliches Fest feiern wollte. Es war eine große Gesellschaft dazu geladen. Meine Freundin kleidete sich also auf das gewählteste und ganz ihrem schönen heitern, jugendlichen Wesen angemessen in ein weißes Gewand, dessen blendender Glanz den Schnee beschämt haben würde, wenn dergleichen zu sehen gewesen wäre. Sie kam etwas spät. Die andere Gesellschaft hatte sich schon im Garten zerstreut. Die Einrichtung des Hauses war ihr neu, sie durchging daher mit der Wirthin die Zimmer, und da sie eine Freundin von Büchern ist, und nicht leicht eins irgendwo liegen sehen kann, ohne es aufzuschlagen, so wollte sie auch in einem der Gemächer, als eben die Wirthin sie auf einen Augenblick hatte verlassen müssen, einen rothen Marokin-Band in seinem Innern besehen. Sie griff schnell zu, und als sie ihn öffnen wollte, strömte ihr eine Flut von D i n t e auf das blendende Kleid. Das

Kleid war auf immer verdorben, und ihre angenehme Stimmung für den heutigen Tag dazu. Welch ein Einfall, einem Dintenfasse die Form eines Buches zu geben.

Eben so erinnere ich mich gelesen zu haben, daß es einem sonderbaren Manne, ich weiß nicht mehr wo? eingefallen sei, sich in seinem schönen geschmackvollen Parke ein neues Wohnhaus in Form einer Kirche zu bauen. Ein solcher Anblick mag auf einen Augenblick die Neugier reizen, und eine Ueberraschung bewirken, aber erfreulich kann er doch nicht seyn, denn die Neigung zur Zweckmäßigkeit und Uebereinstimmung liegt zu tief in der menschlichen Natur. . Wie schön würde sich hier statt des feierlich ernsten Gebäudes, ein heiteres, seine Bestimmung sogleich ankündigendes Wohnhaus ausgenommen haben!

Zweiter Grundsatz.

Der Schmuck sei nicht zerstreuend und verwirrend für das Auge.

Dieses aber kann er auf mancherlei Art und Weise werden, z. B. durch seltsame Gestaltung oder durch gar zu große Mannichfaltigkeit oder durch zu wenig Harmonie in seinen Theilen u. s. f. Ich glaube, es wird nicht leicht einen der Leser geben, dem nicht in seinem Leben Menschen vorgekommen wären, welche die sonderbare Sucht haben, sich mit Allem, was sie nur Köstliches bekommen können, zu behängen, und sich gleichsam zu einem wandelnden Bijouteriegewölbe zu machen. Wenn ein solcher Mensch vor Einen tritt, weiß man nicht, wohin man das Auge wenden soll. Indem er — es sei einmal der Repräsentant dieser Idee eine Mannsperson — Ihnen mit der Hand eine Demonstration zu machen beginnt, haftet ihr Blick unwillkührlich auf den beringten Fingern. Sie bewundern bald den herrlichen blitzenden Diamant, bald den sanften Chrysopras, bald den funkelnden Rubin, bald die feine Arbeit des Goldschmidts, bald die geschmackvolle Wahl desselben; der Inhaber dieser Herrlichkeit läßt die Hand sinken, und Ihr Blick fällt mit ihr auf den stählernen Degengriff, dessen künstliche Arbeit Ihre Aufmerksamkeit festhält, und so geht es fort bis zu den Schuhschnallen, und von da herauf bis zur Busennadel, abgerechnet noch den sonderbaren Schnitt der Kleidung, den freilich die neueste Mode vorgeschrieben hat, und die köstlichen Stoffe, aus denen sie besteht. Alles dieses nun zusammengenommen hat Sie natürlich dergestalt zerstreut und geblendet, und verwirrt, daß Sie nicht wissen, ob Sie einen Menschen gesehen haben, zu geschweigen, daß Sie sich sollten erinnern können, was er gesprochen habe. Ja nicht einmal seine Gestalt werden Sie sich in Gedanken vorzubilden vermögen, sondern Sie werden nur Ringe, Degen, Schnallen, Weste, Kleid, u. s. w.. Alles einzeln sehen.

Einen gleichen Eindruck hat auf mich einmal ein großer Garten gemacht, in dem sich Alles in der Welt beinahe im Kleinen nachgemacht befand, wodurch derselbe mehr wie ein Kunstkabinet, als wie ein Theil der durch Freiheit verschönerten Natur aussah.

Dritter Grundsatz.

Der Schmuck sey nie zu reich und prächtig, so daß das Geschmückte von geringerm Werth erschiene als der Schmuck.

Es würde dieses eine sonderbare Verkehrung des Verhältnisses andeuten, welches man doch stillschweigend angenommen hatte, indem nun die Hauptsache zur Nebensache, und diese zu jener gemacht würde. Am auffallendsten aber ist eine solche Verkehrtheit im Gebiete der Menschheit. Das organische Gebilde hat einen höhern Rang als das unorganische, und steht auf der Stufenleiter der Natur deshalb höher, weil es dem Ziele näher ist, welches diese bei ihrer

Entwickelung und Bildung sich vorgesetzt zu haben scheint — allmähliger Erhebung nämlich aller ihrer Gebilde in das Reich des selbstständigen Lebens oder der Freiheit. Es ist daher eine Entwürdigung der menschlichen Gestalt, wenn man sie nur zum Träger edler Metalle, kostbarer Steine u. dergl. macht; wenn man zeigt, es liege einen nur wenig daran, wenn auch der Mensch unter der ihn erdrückenden Goldeslast verloren werde, oder wenn man über den Glanz der Juweelen den Glanz seines Auges vergesse, und über der Spitzenhaube an das goldene Lockengeringel nicht denken könne, welches jene verbirgt. Es versteht sich von selbst, daß ich hier nicht von solchem Schmucke rede, der Bedeckung seyn soll. Auf diesem sind die Grundsätze des freien Schmuckes gar nicht anwendbar.

Daher hat mir auch immer der Blumenschmuck, sowohl der von natürlichen als nachgemachten, besonders für die weibliche Jugend gefallen. Es ist eine so schöne Vermählung des verschiedenen und doch ähnlichen

Lebens. Die Blume scheint wie aus freier Wahl an dem Busen, auf dem Haupte ihrer höhern Schwester Platz genommen zu haben, und die Natur jene selbst zu Erhöhung der Reize dieser bestimmt zu haben.

Aus diesem das Verhältniß des Schmucks zum geschmückten Gegenstande bestimmenden Grundsatze geht nun von selbst der

Vierte Grundsatz

hervor, nämlich:

Der Schmuck werde nie bloß Darlegung des Reichthums.

Ich zweifle nicht, daß man hier eine Menge Beispiele in Bereitschaft haben wird, welche zu beweisen scheinen, daß oft die Darlegung des Reichthums ein wesentliches Erforderniß des Schmuckes seyn könne. Man wird mich an die Krönungs- und ähnliche Feierlichkeiten erinnern. Allein abgerechnet, daß der Schmuck hier nicht bloß Schmuck ist, sondern die Bestimmung hat, dem großen

Haufen ein für seine Fassungskraft berechnetes Schauspiel der Größe zu geben, ihn mit bewunderungsvollen Erstaunen zu erfüllen, um so in ihm die Idee der Majestät recht sinnlich lebendig zu erhalten, muß ich doch gestehen, daß es mir lieber wäre, es brauchte ein solcher Herrscher nur, wie einst die Senatoren Roms, seine weiße Toga mit einem Purpursaume einfassen zu lassen, um zu zeigen, es stehe hier ein Mann, der das Schicksal vieler Tausende in seinen Händen trägt.

Fünfter Grundsatz.

Aller Schmuck sei einfach.

Ich ahnde schon, daß man gegen diesen Grundsatz besonders, wenigstens gegen seine Allgemeinheit außerordentlich viel einzuwenden haben wird. Man wird erstlich sich auf die menschliche Natur berufen, welche immerfort nach Abwechselung und Mannichfaltigkeit strebt, dann auf die todte Natur, in der Mannichfaltigkeit und Abwechselung das herrschende Grundgesetz zu seyn scheint. „Gesetzt nun, dürfte man sagen, es wäre Alles so einfach als möglich, wie leicht würde uns da das Gefühl der Langeweile überfallen, wie leicht würden wir gleichgültig an den Erscheinungen des Lebens vorübergehen, statt daß uns eben jetzt ihre Verschiedenheit und Abwechselung in immerwährender Spannung erhält.“

Allerdings ist es wahr, daß die menschliche Natur nach Mannichfaltigkeit und Abwechselung strebt, allein sie strebt auch eben so sehr nach dem Schönen, und wenn man die Gesetze der menschlichen Natur als Normen oder Vorschriften für den Künstler aufstellen will, muß man sie doch nur in ihrer Vollkommenheit nehmen. Der Mensch im Zustande der Kindheit — worinnen auch eine Zeitlang ganze Völker verharren — strebt freilich nur nach der Menge der Dinge, nach dem Vielen, will nur sinnliche Reize haben, nur immer außer sich selbst beschäftigt seyn. Das Wahrnehmen des

Verhältnisses der Dinge, der Harmonie und Uebereinstimmung derselben zu einem höhern Zwecke, das Wohlgefallen an der Form, also an dem Abdrucke des Geistes in der Sinnenwelt, kann ihn nur im Zustande der Bildung erfreuen, und diese wird nothwendig da am höchsten gestiegen seyn, wo er sich an dem Abdrucke des edelsten — d. h. die reinste Harmonie seiner großen Kräfte zeigenden — Geistes erfreuen kann. Dieser Zustand der menschlichen Natur dünkt mich also die wahre Menschheit als Musterbild darzustellen. Diese liebt nur das Schöne, nicht das Mannichfaltige, und alles eigentlich Schöne ist einfach.

Die Natur aber scheint auch nur mehr auf Mannichfaltigkeit und Abwechselung als auf Einfalt und Vermählung des Getrennten zu höherer Harmonie hinzuwirken. Bedeckt sie nicht die Erde mit einem einfach grünen Gewande, welches zwar mancherlei Schattirungen und Nüancen zeigend, dennoch im Ganzen ein gewisses beruhigendes, sanft erfreuendes, nicht zerstreuendes oder verwirrendes Gefühl erweckt? Und streut sie ihre Blumen nicht mit weiser Sparsamkeit darüber aus? Es kommt Alles auf den Standpunkt an, aus dem man sie betrachtet, und sie hat das Besondere, daß sie überall dem Geiste sein eigenes Bild zu zeigen scheint.

Ueberdieß ist auch hier nur von dem Schmucke die Rede, der nicht als etwas für sich Bestehendes gedacht wird, sondern dem Charakterausdrucke immer unterzuordnen ist. Wenn wir aber von allem Schmucke oben geredet haben, so versteht es sich von selbst, daß wir diejenigen Fälle ausnehmen, wo man die Wahl des Schmuckes nicht in seiner Gewalt hatte.

Sechster Grundsatz.

Der Schmuck bilde so viel als möglich einen ergänzenden, untrennbaren Theil des Geschmückten, oder erscheine wenigstens als ein solcher.

Dieser Grundsatz ruht auf dem in der Natur und Menschheit mit gleicher Allgemeinheit waltenden Gesetze oder Bestreben, alle Vereinigung so eng und unauflöslich als möglich zu machen. Nichts ist so unangenehm und widrig, selbst in der Erscheinung, als das nicht Zusammenpassende vereinigt zu sehen. Wahr ist es, die höchste Schönheit ist hüllenlos am schönsten; daher bildete auch der Grieche seine Venus Anadyomene unbekleidet,

Hüllenlos, von Unschuld nur umgeben,
Ist sie sich der Schönheit kaum bewußt;
Ihre sanft gebognen Arme schweben
Vor dem Schooß und vor der zarten Brust;

allein wenn sie sich nun bekleidet und schmückt, so lasse sie uns jenes ersten Zustandes ganz vergessen, und wisse uns zu überreden, sie sei so wie sie jetzt erscheint, am reizendsten. Dieses aber wird nur dadurch erreicht, daß wir nicht versucht werden können, ihr den Schmuck in Gedanken abzunehmen, weil er mit ihrem Wesen ganz Eins ist. Dieser Grundsatz der Kosmetick nun kündigt freilich der Mode den Krieg an, welche, ohne auf die Verhältnisse der Individuen Rücksicht zu nehmen, allgemeine Vorschriften einer besondern Art des Schmuckes festsetzen will, und so eigentlich einen Widerspruch behauptet. Allein wir glauben, der gebildete Geschmack wird nicht lange zweifelhaft bleiben, welchem der Streitenden er den Sieg wünschen solle. Ja wir hoffen, daß einst eine Zeit wiederkehren werde, wo man sich wundert, wie die Mode so mit despotischer Gewalt über freie Menschen habe herrschen können, daß sie diese sogar zwang, sich selbst zu verunstalten, daß sie sogar Modefarben erfand, und manches Individuum nöthigte, sich ordentlich selbst zu parodiren.

Elisabeth im Karlos sagt einmal:

In meinem Frankreich war's doch anders,
O! muß mich's ewig mahnen!

Der Schönheitssinn möchte dieß wohl bisweilen jetzt so verändern können:

In meinem Griechenland, da war's doch anders,
O! muß mich's ewig mahnen! —

Siebenter Grundsatz.

Der nothwendige Schmuck werde mit Freiheit getragen, der freie Schmuck sehe wie nothwendig aus.

Die erste Hälfte dieses Grundsatzes verdient besonders von Denjenigen beachtet zu werden, denen ihre Verhältnisse im bürgerlichen Leben eine besondere Art des Putzes oder Schmuckes auferlegen. Unter diesen zeichnen sich die Soldaten aus, denen nicht selten eine Kleidung vorgeschrieben ist, welche nicht nur nichts Kriegerisches verräth, sondern vielmehr den Soldaten zu einer dem

Auge an sich erfreulichen und ergötzlichen Erscheinung zu machen scheint. Hierher gehört zum Beispiel der Schmuck des Husaren. Ein Mann, der mit diesem Putze noch prahlen wollte, der zeigen könnte, es mache ihn eine rechte Freude, in dieser Kleidung zu gehen, oder er würde sie wohl gar tragen können, auch wenn sie ihm nicht gesetzlich vorgeschrieben wäre, würde mir schwerlich als ein Mann vorkommen. Noch auffallender aber wird die Nothwendigkeit des aufgestellten Grundsatzes in diesem Beispiele, bei einem Alten. Dieser muß besonders zeigen, daß er nur mit einer Art von Resignation sich in diese Aufmerksamkeit gleichsam erzwingende Kleidungsart füge. Dagegen könnte er den Harnisch und die Rüstung mit einer Art von Wohlgefallen tragen; denn die Bestimmung des Mannes ist wohl zu kämpfen und zu schützen, aber nicht dem Auge zur Ergötzung zu dienen.

Die zweite Hälfte des aufgestellten Grundsatzes aber ist schon in dem vorigen enthalten, und steht hier nur, um durch den Gegensatz die erste anschaulicher zu machen. Die Wahrheit von beiden aber beruht auf der Wahrheit des Begriffes, den wir von Schmuck und Putz im Vorigen aufgestellt haben.

Achter Grundsatz.

Man ziehe den Schmuck, der durch die Gestaltung Bedeutung erhält oder durch die Arbeit gefällt, dem vor, der nur Metallwerth zeigt, oder durch Seltenheit sich auszeichnet.

Dieser Grundsatz scheint mit dem im Widerspruche zu stehen, welcher forderte, daß der Schmuck nicht die Aufmerksamkeit zu sehr auf sich ziehen und das Auge zerstreuen sollte; denn je schöner die Arbeit daran ist, könnte man sagen, je mehr muß er die Aufmerksamkeit für sich in Anspruch nehmen, und von dem damit versehenen oder bedeckten Gegenstande ablenken. Allein es bleibt ja hier immer der Freiheit jedes Individuums überlassen, den fein gearbeiteten Schmuck so anzulegen, daß er sich nicht zu sehr hervordrängen, sondern erst, nachdem man sich an dem Anschauen der geschmückten Gestalt selbst gesättigt hat, seine billige Forderung geltend machen kann, und es erhöht gewissermaaßen die Achtung vor dem Geschmückten, wenn er durch sein eigenthümliches Wesen das Kostbare, Aufmerksamkeit Erregende an und um sich zu verdunkeln weiß. Die Menschheit wird geehrt, wenn ein reizendes Gesicht, das ein köstlicher Spitzenschleier umschwebt, diesem gleichsam Hohn zu sprechen scheint, gewiß, daß jedes unverwöhnte Auge zuerst auf seiner Schönheit ruhen werde. Ein Schmuck, der bloß durch Metallwerth Gewicht bekommt, deutet zu sehr auf Ostentation, auf Darlegung des bloßen Reichthums, und führt zu sehr den Beschauer aus dem Kreise der Menschheit.

Kolibri 360 GmbH
Ferdinand-Jühlke-Straße 7
99095 Erfurt, Deutschland
produktsicherheit@kolibri360.de